Stefan Schrahe und Petra Urban

Kassenkampf und Musenkuss

24 Alltagsabenteuer

LEINPFAD
VERLAG

© Leinpfad Verlag
Oktober 2005

Alle Rechte, auch diejenigen der Übersetzung, vorbehalten.
Kein Teil dieses Buches darf in irgendeiner Form (Druck, Fotokopie, Mikrofilm oder ein anderes Verfahren) ohne die schriftliche Genehmigung des Leinpfad Verlages reproduziert oder unter Verwendung elektronischer Systeme verarbeitet, vervielfältigt oder verbreitet werden.

Umschlag: kosa-design, Ingelheim
Satz: Leinpfad Verlag, Ingelheim
Druck: TZ-Verlag & Print GmbH, Roßdorf

Leinpfad Verlag, Leinpfad 2, 55218 Ingelheim,
Tel. 06132/8369, Fax: 896951
E-Mail: info@leinpfadverlag.de
www.leinpfad-verlag.de

ISBN 3-937782-39-7

Inhaltsverzeichnis

Stefan Schrahe Aldi-Süd	4
Petra Urban Der Großeinkauf oder: Geistige Nahrung macht auf Dauer nicht satt	8
Stefan Schrahe Flugtickets	12
Petra Urban Ganz schön in Fahrt oder: „Reisen ist Leben…"	16
Stefan Schrahe Blutdruck	20
Petra Urban „In Ihrem Alter…!" oder: Fünfzig ist auch nur ein Wort	25
Stefan Schrahe Do it yourself	29
Petra Urban Passendes Schuhwerk	32
Stefan Schrahe Kassenkampf	36
Petra Urban Die Fahrradtour oder: Die bewegte Schriftstellerin	40
Stefan Schrahe Spiderman	44
Petra Urban Der Musenkuss oder: Die Sonne bringt es an den Tag…	47
Stefan Schrahe Alles auf Video	51
Petra Urban Er gehört zu mir…	54
Stefan Schrahe Der Virus	57
Petra Urban Wer schreiben kann, der kann auch lesen	60
Stefan Schrahe Handymania	64
Petra Urban Das Lachen der Versuchung	68
Stefan Schrahe Alles frisch	72
Petra Urban Das Verhältnis	76
Stefan Schrahe ISO 9000	79
Petra Urban Spielwut oder: Die Räuber sind unter uns	83
Stefan Schrahe Pisa-Salat	88
Petra Urban Die Kerze	91
Autor und Autorin	95

Aldi-Süd
Stefan Schrahe

Ich gehöre nicht zu den Menschen, die sich ihre Tageszeitung in den Urlaub nachschicken lassen. Da beschleicht mich das Gefühl, gar nicht richtig weg von zu Hause zu sein. Weil ich aber über den Lauf der Dinge in der Welt einigermaßen informiert sein will, kaufe ich mir im Urlaub – und nur dann – regelmäßig die Bild-Zeitung.

So saß ich an einem Freitagmorgen an der kroatischen Adria lesend beim Frühstück, als mein Blick auf eine Anzeige in mir wohl bekanntem Stil fiel. Unter der Überschrift „Aldi informiert" war genau der Häcksler abgebildet, der ein Jahr zuvor schon einmal im Angebot war. 2200 Watt für Äste mit einem Durchmesser von bis zu sechs Zentimetern. Fünf Aldi-Filialen hatte ich damals abgeklappert, vergeblich. Der einzige Trost war, dass sich solche Angebote bei Aldi wiederholen – man muss nur ein wenig abwarten. Und jetzt war genau dieser Häcksler wieder im Angebot – nur, dass ich jetzt auf dem Balkan saß und keine Chance hatte, da heranzukommen.

Wortlos reichte ich meiner Frau die Zeitung und deutete auf die Anzeige.

„Das gibt´s doch nicht!", rief sie aus, woraufhin ich nur zustimmend nicken konnte. Ungläubig schüttelte sie den Kopf und wir schauten beide eine Weile stumm über unseren Frühstückstisch hinweg auf die Mobilhomes der Nachbarn.

„Und jetzt?", fragte meine Frau.

„Ja wie: und jetzt?"

„Wir könnten deine Schwester anrufen." Wieder hatte meine Frau eine ihrer praktischen Ideen, die uns schon aus vielen Notlagen herausgerettet hatten. Nur hatte diese einen Haken.

„Meine Schwester ist Aldi-Nord."

„Scheiße", sagte meine Frau.

In dieser Laune verbrachten wir den Rest des Tages. Beim gemeinsamen Grillen am Abend erwähnte ich beiläufig meine Entdeckung in der Bild-Zeitung.

„Der Häcksler von letztem Jahr?", fragte Klaus aus Hanau, der mit seiner Familie im Mobilhome neben unserem wohnte.

„Ja, genau der. 2200 Watt. Äste bis sechs Zentimeter. Für 99 Euro."

Wie sich herausstellte, hatte Klaus im letzten Jahr die gleiche Erfahrung gemacht. Ob wir die Bild-Zeitung noch hätten, fragte er. Ich bat die Kinder, im Altpapier nachzusehen und zwei Minuten später hatten sie die Blätter in der Hand.

Klaus nahm die Zeitung und zeigte die Anzeige wortlos seiner Frau.

„Der Dampfstrahler!", entfuhr es ihr.

So genau hatten wir uns die Anzeige gar nicht angesehen. Aber offenbar brannte Aldi-Süd gerade ein ganzes Feuerwerk an Sonderangeboten von Garten-Artikeln ab. Auch die Polsterauflagen waren wieder im Angebot.

„Wir hatten schon überlegt, Daniels Schwester anzurufen", sagte meine Frau. „Aber die ist Aldi-Nord." Mitfühlende Blicke trafen uns aus der Runde.

Es wurde ein ruhiger Abend; früher als sonst räumten wir zusammen und wünschten uns eine gute Nacht. Aber an Schlaf war nicht zu denken. Mit offenen Augen lag ich an der Seite meiner Frau.

„Wie weit ist es eigentlich bis zur deutschen Grenze?", fragte sie plötzlich.

„Ungefähr 450 Kilometer", sagte ich.

„Meinst du, du schaffst das an einem Tag hin und zurück?"

„Klar", sagte ich, erleichtert darüber, diesen Vorschlag nicht selber gemacht zu haben und von ihr möglicherweise als völlig gestört abgestempelt zu werden. Sie drehte sich zu mir um, zog mich zu sich heran und küsste mich auf den Mund. „Du bist ein Schatz!"

Das sagt sie nicht sehr oft.

Am nächsten Morgen weihten wir unsere Urlaubsfreunde ein.

„Wir können den Häcksler für euch mitbringen", schlug ich vor.

„Und den Dampfstrahler", strahlte Marianne, die Frau von Klaus.

Die Nachricht von unserer Expedition verbreitete sich wie ein Lauffeuer. Sonntagnachts um zwei Uhr verließ schließlich ein Konvoi aus drei Kombis und einem Minivan mit insgesamt acht Fahrern, ausgerüstet mit detaillierten Einkaufslisten von vierundzwanzig Familien, den Campingplatz in Richtung deutsche Grenze. Montagmorgen um halb acht hatten wir deutschen Boden erreicht und eine Viertelstunde später den Parkplatz der Freilassinger Aldi-Filiale besetzt, wo wir uns direkt vor der Eingangstür in Position brachten.

Voll gepackt mit Häckslern, Dampfstrahlern, Vertikutiergeräten und Polsterauflagen machten wir uns zwei Stunden später wieder auf den Rückweg. Mit lautem „Hallo", kühlem Bier und saftigen Steaks wurden wir begrüßt. Die Urlaubsstimmung war wiederhergestellt.

Zwischen die Kartons muss aber irgendwie der Aldi-Prospekt für die zweite Wochenhälfte gerutscht sein. Als meine Frau diesen interessehalber aufschlug, wurde ihr Gesicht aschfahl.

„Was ist los?", fragte ich. Zur Antwort hielt sie mir den Prospekt entgegen und konnte nur drei Worte über ihre Lippen bringen: „Die Latex-Matratze..."

Dieses Jahr haben wir drei Wochen Westerwälder Seenplatte gebucht, mitten in Deutschland. Der Campingplatz ist ideal gelegen: nur drei Kilometer bis zur nächsten Aldi-Nord- und fünf Kilometer bis zur nächsten Aldi-Süd-Filiale.

Wir freuen uns jetzt schon auf die Angebote.

Der Großeinkauf oder: Geistige Nahrung macht auf Dauer nicht satt
Petra Urban

Da ich als Schriftstellerin Worte besonders ernst und wichtig nehme, lasse ich sofort meinen Stift fallen, als ein Freund mir rät, weniger zu schreiben und mehr zu essen. Geistige Nahrung macht auf Dauer nicht satt, sagt er. Ich gebe zu, wenn ich an meinem Schreibtisch so richtig in Fahrt bin, dann vergesse ich bis aufs Atmen fast alles. Aber andere Schriftsteller waren auch dünn wie Bleistifte und haben der Nachwelt dennoch Üppiges hinterlassen. Nun gut.

Mein Freund, der in seiner Freizeit gern kocht, rät mir zu einem Großeinkauf, weil ich einen Grundstock in der Küche brauche, wie er sagt. Das leuchtet mir ein, schließlich braucht man auch einen Grundwortschatz in der Sprache.

Also beschließe ich, zu einem Supermarkt zu fahren. Das tue ich ansonsten nie. Alles, was ich benötige, bekomme ich im Lebensmittelladen um die Ecke und an dem Kiosk, wo ich täglich meine Zeitung hole und mir Geschichten anhöre, die das Leben schreibt und die spannender sind als alle meine erfundenen.

Heute allerdings heißt mein erklärtes Ziel „Globus". Der Name scheint mir Programm. Schließlich denke und schreibe ich auch global.

Mit meinem Einkaufswagen reihe ich mich pfeifend in die Schlange der Kauflustigen ein. Nur langsam schiebt sich die Karawane gen Eingang. Zähfließender Verkehr rund um den Globus, fällt mir dazu ein, Stop and go. Macht aber nichts, schließlich habe ich Zeit mitgebracht.

Und da eh schon alles Gescheite gedacht worden ist, kann ich meinem Geist auch einmal Ruhe gönnen und meinen Einkauf gedanken- und wortlos genießen.

Schwindelerregende Vielfalt empfängt mich. Die Warenwelt scheint keinen Anfang und kein Ende zu haben. Irgendwie ist man immer mittendrin. Wie auf der Pirsch durchstreife ich das Dickicht, verwandle mich vom Dichter und Denker zum Jäger und Sammler. Dabei bemühe ich mich, recht aufrecht zu gehen. Denn die himmelwärts strebenden Regale lassen mich seltsam klein erscheinen. Bei ihrem Anblick denke ich nun doch wieder an berühmte Worte. Worte, die einen wachsen lassen. Ihr sollt *das Leben in Fülle haben,* heißt es an wichtiger Stelle, und ich nicke und fülle meinen Wagen.

An der Käsetheke, wo ich mich vom Duft leiten lasse, ernte ich böse Blicke. Man stellt sich von links und nicht von rechts an. Ich lächle und versuche die Stimmung mit einem Aphorismus von Lichtenberg aufzuheitern. Es gelingt nicht. Zwischen Appenzeller und Ziegenrolle existiert offensichtlich keine Philosophie. Auch nicht scheibchenweise.

Dafür ist es in der Nähe von Mayonnaise und Ketchup amüsanter. Hier versucht ein Mann offensichtlich Kontakt mit seiner Frau aufzunehmen. Über Handy. Scheinbar hat er schlechte Verbindung. Er schreit so verzweifelt, dass sich sogar die an der Wursttheke zu ihm umdrehen. Ihn verwirrt das übergroße Senfangebot. Ich staune mit ihm und folge ihm kopfschüttelnd vom einen Ende des Regals bis zum anderen. Dann stupse ich ihn freundschaftlich an und zeige auf den Düsseldorfer Löwensenf. „Der ist gut!", verrat ich ihm und muss wieder einmal feststellen, dass es Menschen gibt, die gar nicht wollen, dass man ihnen hilft.

Achselzuckend schiebe ich meinen Wagen zu den Konserven hinüber. Laut griechischer Mythologie stammen alle Übel dieser Welt aus einer Büchse. Ich greife zu den Mandarinen. Eines ist klar. Hätte Pandora ihre berühmte Dose bereits im Himmel beschriftet, hätte einfach *Aprikosen* oder *Pfirsiche* aufs Etikett geschrieben stehen müssen ... - kein Mensch wäre auf die Idee gekommen, diese Dose zu öffnen und uns allen ginge es besser. Deutlich besser. Nun gut. Geschehen ist geschehen. Nachdenklich schiebe ich zum frischen Obst weiter. Während ich mich mit den klingenden Namen der Tafeläpfel bekannt mache, unterhalten sich zwei junge Männer neben mir über Beziehungsprobleme.

„Du!", sagt der eine plötzlich, „ich soll Kiwis mitbringen, weißt du, wie diese Dinger aussehen?"

Ich denke kurz an meinen undankbaren Senfsucher, drehe mich dann aber doch um und zeige wortlos auf die haarigen braunen Knubbel. Diesmal ernte ich sogar ein Dankeschön.

Stolz, wie andere Leute ihren Nachwuchs, schiebe ich meinen Einkaufswagen vor mir her. Satt und prall sieht er aus. Die Kassiererin scheint sich nicht sonderlich für seine üppige Füllung zu interessieren, achtlos scannt sie die Waren ein. Plötzlich allerdings stoppt sie.

„Was ist das?", fragt sie und starrt die Mango an, die unaufhaltsam auf sie zurollt.

Noch so ein junger Mensch, der keine Ahnung von Obst hat, denke ich und öffne den Mund. Nun muss ich an dieser Stelle gestehen, dass ich mittlerweile in einem Alter bin, wo man ab und zu Worte aus seinem Wortschatz zu verlieren scheint. Glücklicherweise sind sie nicht wirklich verloren. Spätestens dann, wenn man sie nicht mehr braucht, sind sie wieder da.

Um Zeit zu gewinnen, frage ich lächelnd: „Sie wissen nicht, wie dieses Obst heißt, junge Frau?"

Sie schüttelt den Kopf.

Ich werfe einen Blick auf die wartende Schlange hinter mir, überlege kurz, noch einmal einen Aphorismus von Lichtenberg ins Spiel zu bringen, entschließe mich dann aber doch zur Wahrheit.

„Ich im Moment auch nicht", flüstere ich.

„Avocado?", fragt sie und studiert gelangweilt die Obstliste neben der Kasse.

Ich verneine.

„Granatapfel?"

Hinter mir wird mit den Füßen gescharrt. Ich schüttle erneut den Kopf.

„Mango?"

„Ja!", entfährt es mir eine Nuance zu laut, „ja", wiederhole ich leiser und bin glücklich, als ich wenig später mit meinem Wagen auf mein Auto zusteuere. Um der Schmach meiner peinlichen Wortlosigkeit zu entkommen, flüchte in mich aus der Welt der Waren nun doch wieder in die Welt der Gedanken. Der großen Gedanken, versteht sich. „Nichts halb zu tun ist edler Geister Art", flüstert es in mir und ich beschließe wiederzukommen.

Schließlich macht geistige Nahrung auf Dauer nicht satt.

Global formuliert.

Flugtickets
Stefan Schrahe

Es fing alles ganz harmlos an. Über das konzerneigene Netzwerk erreichen mich an manchen Tagen über fünfzig elektronische Botschaften. Da ist es auch nicht ungewöhnlich, wenn ich einige Namen der Absender nicht auf Anhieb zuordnen kann. Entsprechend arglos öffnete ich die Nachricht des Kollegen Heitmüller und ahnte nicht, welch weitreichende Folgen sich aus dieser einfachen Mitteilung ergeben würden:

„Habe verbilligt vier Flugkarten von Frankfurt/Hahn nach London abzugeben. 100 Euro unter Normalpreis." Es folgten Datum, Hin- und Rückflugzeiten sowie eine Haustelefonnummer, an die man sich bei Interesse wenden könne.

Nur kurz fragte ich mich, wie Herr Heitmüller ausgerechnet auf mich kommen konnte. Da fiel mir in der Adresszeile eine kryptische Ziffern- und Zeichenfolge auf. Die konnte nur bedeuten, dass diese Nachricht alle Mitarbeiter erreicht hatte, die dem Netz unseres Konzerns angeschlossen waren. Ich fand das ungewöhnlich, dachte aber nicht weiter darüber nach, sondern widmete mich weiteren ungeöffneten Nachrichten. Etwas später fand ich abermals eine Nachricht eines mir unbekannten Absenders.

„Belästigen Sie mich nicht mit solchen Angeboten", forderte da ein Herr Gehrke. Damit konnte ich zunächst nicht viel anfangen, entnahm aber der Betreffzeile, dass diese Beschwerde sich offenbar an den Kollegen Heitmüller und dessen Flugticket-Angebot richtete. Herr Heitmüller solle sich doch mal ausrechnen, was es bedeute, wenn jeder Mitarbeiter nur dreißig Sekunden lang mit dem Lesen seiner Flugkarten-Mail beschäftigt sei und welcher wirtschaftliche Schaden unserem Konzern daraus entstehen würde. Er habe sich mal die Mühe gemacht und kam inklusive der Lohnnebenkosten auf einen erschreckend hohen Betrag – selbst bei der derzeit aufgrund der Grippewelle hohen Abwesenheitsquote von 4,6 Prozent.

Herr Gehrke hatte allerdings bei der Antwort auf das falsche Dialogfeld geklickt. Und nun waren alle Mitarbeiter des Konzerns nicht nur über Herrn Heitmüllers Angebot, sondern auch darüber informiert, dass Herr Gehrke kein Interesse an den vergünstigten Flugkarten hatte und den Missbrauch des Firmen-Netzwerks anprangerte.

Langsam begann ich zu ahnen, welche Tragödie sich hier anzubahnen drohte. Über meinen Bildschirm hinweg sah ich meine Kollegen an. Offenbar war ich nicht der Einzige, der das Geschehen mit zunehmender Spannung verfolgte. Und tatsächlich: schon zwei Minuten später hatte sich der nächste – Herr Gremberg – zu Wort gemeldet:

„... für diese Berechnung haben sie aber länger als dreißig Sekunden gebraucht", schrieb er.

Diese Nachricht galt eindeutig dem sich um den Konzern sorgenden Herrn Gehrke, gelangte aber abermals in Kopie auf alle angeschlossenen Bildschirme. Damit wollte Herr Gremberg offenbar sicherstellen, dass sein gewitzter Kommentar und die Bloßstellung von Herrn Gehrke als Erbsenzähler niemandem entginge.

Neu war allerdings, dass sich beim Schließen dieser Nachricht auf meinem Bildschirm ein Dialogfenster öffnete. „Empfangsbestätigung wird zugeschickt", stand dort zu lesen. Ich bestätigte mit „OK" und mir wurde klar, dass Herr Gremberg jetzt nicht nur meine, sondern mehrere tausend Empfangsbestätigungen bekommen würde. Offenbar hatte er vergessen, diese an sich nützliche Funktion unseres E-Mail-Programms für seine Antwort an alle Mitarbeiter des Konzerns zu deaktivieren. Das empfindliche System schien jetzt bereits in erheblichem Maße ausgelastet zu sein, jedenfalls dauerte das Öffnen der nächsten Mail bereits etwas länger als üblich.

Eine Frau Ammerbusch aus der Kundendienstabteilung wollte es sich nicht nehmen lassen, gegen jeden Missbrauch des konzerneigenen Netzwerkes auf das Schärfste Stellung zu beziehen. Sie kritisierte auch diejenigen, die Herrn Heitmüller antworteten und diese Antworten an alle anderen verschickten. Sie selbst tue dies zwar auch, aber nur, um mögliche Nachahmer von jedem weiteren Versuch abzubringen und hoffe im Übrigen, dass nun alles zu diesem Thema gesagt worden sei. Sicherheitshalber ließ Frau Ammerbusch sich auch eine Empfangsbestätigung von allen Lesern ihrer – hoffentlich letzten – Mitteilung zu diesem Thema zukommen.

Das konnte Frau Deisenroth aus der Reklamationsabteilung so nicht stehen lassen. Sie verwahrte sich wenige Augenblicke später gegen die Angriffe auf Herrn Heitmüller und regte eine „Such & Find"-Börse für das betriebliche Netzwerk an, die für solche Fälle genutzt werden könne. Herrn Heitmüller wünschte sie Glück beim Verkauf der Karten. Und um diesem ein wenig nachzuhelfen, hatte sie einige Anlagen beigefügt: die

Animation eines startenden Düsenflugzeugs, eine Ansicht Big Bens von der Themse aus gesehen sowie ein eingescanntes Flugticket, das sie im Internet gefunden hatte. Das alles stellte sich jedoch erst im Nachhinein heraus. Denn in dem Moment, als wieder das Dialogfeld „Empfangsbestätigung wird zugestellt" auftauchte, wurden alle Bildschirme schwarz.

Ob Herr Heitmüller seine Flugkarten noch verkauft hat, weiß ich nicht.

Herr Heitmüller arbeitet nicht mehr in unserer Firma.

Ganz schön in Fahrt oder: „Reisen ist Leben…"
Petra Urban

„Lass doch das Auto zur Abwechslung mal stehen und fahr mit dem Zug zu deinem nächsten Termin", rät mir eine Freundin. „Zugfahren ist so ungemein entspannend, du entkommst der höllischen Verkehrsmaschinerie, kannst dich behaglich zurücklehnen und dich in aller Gemütsruhe endlich mal wieder in ein gutes Buch versenken."

Der Ausdruck „in ein gutes Buch versenken" muss es wohl gewesen sein, der mich gleich am nächsten Tag in Richtung Bahnhof treibt. Als Bordlektüre trage ich die Reiseberichte des Hans Christian Andersen bei mir.

Auf dem Bahnhof empfängt mich pralles Leben. Rast- und ruhelos pilgern Reisewillige von hier nach dort. Koffer-Karawanen. Es riecht nach Brezeln und Bratwurst, Crêpes und Kaffee. Ringsumher Sprachenvielfalt wie beim Turmbau zu Babel.

Ich bin froh, hier zu sein. Denn solcherart Atmosphäre – das merke ich gleich – weitet den Geist. Von einem Moment zum anderen fühle ich mich hineingeworfen in die große weite Welt. Alles scheint mit allem verbunden zu sein. Nichts existiert für sich. Und ich mittendrin.

Während ich die Namen ferner Städte auf den ratternden Leuchtbändern studiere und mich hinüberträume in die Altstadt von Lissabon und den Hafen von Marseille, hetzt eine Frau auf mich zu.

„Gleis Sieben!", stöhnt sie und drückt mir ihren Koffer in die Hand.

Die muss in ihrer Freizeit Gewichte stemmen, denke

ich und folge ihr atemlos durchs Getümmel und Gedränge. Während der Schaffner auf Gleis Sieben uns in aller Ruhe zur Eile antreibt, bemühe ich mich um ein gleichbleibend freundliches Gesicht. Schließlich will ich mir meine Laune nicht schon vor Beginn der Reise verderben lassen. Mit letzter Kraft stemme ich das mir anvertraute Pfand in die Höhe und winke dem davonfahrenden Zug hinterher.

Im Gegensatz zu meinem Auto scheint mir solch ein Zug ein rechtes Kraftpaket zu sein. Nicht von ungefähr hat er immer Vorfahrt, muss an keiner roten Ampel halten und kreiselt nicht ständig in irgendwelchen Kreiseln herum.

Mein Zug hört auf den klingenden Namen „Norddeich". Das gefällt mir. Weniger gefällt es mir, dass er unterwegs offensichtlich herumtrödelt. Pünktlichkeit scheint nicht gerade seine Stärke zu sein. Zum Glück übertreibt er nicht. Mit Ablauf des akademischen Viertels ist er zur Stelle und stürmt, nach kurzem Pfiff, wie ein wildes Ross wieder zum Bahnhof hinaus.

Genüsslich strecke ich mich in meinem Sitz aus. Vor meinem Fenster gleitet unermüdlich blühende Landschaft vorbei. Ich lehne mich zurück, halte keines der Bilder mit den Augen fest, fühle mich leicht und unbeschwert und zücke meine Bordlektüre.

Reisen ist Leben..., schreibt Hans Christian Andersen und ich nicke vergnügt. Gleichzeitig allerdings drehe ich mich um. Zwar haben die beiden geschwätzigen jungen Männer hinter mir endlich diese monotone Musik abgestellt, dafür hören sie jetzt eine Fußballübertragung. Die Stimme des Kommentators überschlägt sich aufgeregt. Noch vor dem ersten Tor ziehe ich mich in ein anderes Abteil zurück und setze mich dorthin, wo Zeitung gelesen, geschlafen, meditiert und ein gestreifter Strumpf gestrickt wird. Im Kreis dieser klösterlich stillen Menschen fühle ich mich wohl und geborgen.

Andächtig versenke ich mich in meine Lektüre.

Reisen ist Leben…, lese ich erneut und muss mir einen Gruß gefallen lassen. Noch bevor ich einen Blick in den Kinderwagen werfen kann, weiß ich bereits, wer drinnen liegt. Thomas und Thorsten.

„Ein nicht geplanter Doppeltreffer", erklärt mir die junge Mutter und nimmt ungefragt Platz.

In atemberaubender Geschwindigkeit erzählt sie mir die komplizierte Geschichte der nicht unkomplizierten Geburt. Endlich ist sie still, scheint erschöpft vom vielen Erinnern.

Ich nicke den Zwillingen zu und schlage unauffällig mein Buch wieder auf.

„Reisen ist Leben…!", flüstert Andersen mir zu und als ob Thomas die Dichterstimme ebenfalls gehört hätte, verspürt er plötzlich keine Lust mehr, untätig im Wagen herumzuliegen.

„Würden Sie ihn mal nehmen?"

Noch während die junge Frau die Frage stellt, habe ich den Säugling bereits im Arm. Etwas überrascht schaut er mich an. Ich zeige ihm mein Buch und erzähle ihm, dass Andersen ungemein gern mit der Eisenbahn gefahren ist und eine unglückliche Liebesgeschichte mit einer Sängerin hatte.

Es scheint ihn nicht zu interessieren. Sein Gesicht verzieht sich unschön. Tränen rollen heran.

„Ich muss aufs Klo!", sagt die Frau und drückt mir Thorsten in den noch freien Arm.

Mein Buch liegt mittlerweile am Boden.

„Die passen ja prima zusammen, die beiden Kerlchen!", sagt der Schaffner im Vorübergehen.

Ich nicke, traue mich ansonsten nicht, mich weiter zu bewegen und beginne die Geschichte vom doppelten Lottchen zu erzählen. Meine Worte haben Wiegenlied-Charakter. Als die Mutter zurückkommt, schlafen nicht nur die Zwillinge, sondern auch meine Arme. Leider macht die junge Frau keinerlei Anstalten, ihre Kinder zurückzufordern. Stattdessen hebt sie mein Buch auf, blättert darin herum und bedauert es zutiefst, so gar nicht mehr zum Lesen zu kommen. Ihre Stimme klingt wehmütig. Vor der Geburt der beiden Buben hat sie gern und viel gelesen. Vor allem im Zug.

Ich seufze und nicke verständnisvoll.

Als sie eine halbe Stunde später aussteigt, sinken meine Hände kraftlos in den Schoß. Ermattet schließe ich die Augen. Mein Buch ruht auf dem Nachbarsessel.

Als ich erwache, liest ein junger Mann darin. Er scheint völlig vertieft, bemerkt mich gar nicht. Erst als ich mich räuspere, schaut er auf.

„Dieser Andersen schreibt echt klasse", sagt er.

Ich lächle freundlich und warte darauf, dass er mir das Buch zurückgibt. Stattdessen fragt er mich, wann ich aussteigen muss und ob er solange noch lesen dürfe.

„Aber natürlich", sage ich, „Reisen ist doch Leben!"

Blutdruck
Stefan Schrahe

Meine Frau war ziemlich in Eile.

„Ist ein Paket für mich angekommen?", rief sie durch den Korridor, kaum dass sie zur Wohnungstür hereingekommen war.

„Steht im Wohnzimmer", antwortete ich.

„Prima", sagte sie, während sie sich die hohen Schuhe auszog. „Das wird das Blutdruckmessgerät sein. Ich hatte schon Angst, dass es nicht mehr rechtzeitig kommt."

„Wozu brauchst du denn ein Blutdruckmessgerät?", fragte ich.

„Für den Kursus. Der fängt doch in einer halben Stunde an", antwortete sie, während sie nach oben ins Schlafzimmer verschwand – offenbar, um sich umzuziehen.

Daran hatte ich gar nicht mehr gedacht. Donnerstags gab sie neuerdings Kurse in Krankenpflege. Und sie hatte mir vor ein paar Tagen erzählt, dass sie sich dafür ein Blutdruckmessgerät zur Ansicht bestellt hatte.

„Kannst du es mal auspacken?", rief sie jetzt aus dem Badezimmer.

„Klar."

In dem braunen Versandkarton war eine kleinere bunte Verpackung, auf der ein elektronisches Gerät mit einem ziemlich großen Display abgebildet war. Die Messgeräte, die ich kannte, hatten graue Stoffmanschetten, einen Schlauch, ein Gummibällchen und daran befestigt eine Messuhr, deren Zeiger sich hin und her bewegte.

„Eigentlich müsste ich es ja mal kurz ausprobieren", nuschelte sie, während sie mit Haarspangen zwischen den Zähnen die Treppe herunter kam und sich dann vor dem Spiegel die Haare hochsteckte – wobei sie gleichzeitig ihre Füße in die flachen Schuhe zwängte. „Das wäre sonst peinlich, wenn ich nicht weiß, wie das funktioniert. Stellst du dich mal zur Verfügung?"

Ich mag nicht, wenn man meinen Blutdruck misst. Wenn der Arzt mit dem kleinen Gummibällchen die Manschette aufbläst, so dass sie sich immer enger um meinen Oberarm schließt und ich dann meinen Puls im ganzen Arm bis in die Handgelenke hinunter spüre, bekomme ich ein ganz beklemmendes, beängstigendes Gefühl und bin erst erleichtert, wenn die Spannung nachlässt und die Luft aus der Manschette entweicht. Ich fühle mich wohler, wenn die Funktionen meines Körpers im Verborgenen bleiben. Aber hätte ich ihr diese Bitte abschlagen sollen?

Sie riss ungeduldig die Verpackung auf und nahm das Gerät aus der Plastiktüte.

„Halt mal", sagte sie, während sie die Folie mit den zwei kleinen Batterien aufriss und im Nu die Batterien eingelegt und zwei Kabel angeschlossen hatte, an denen eine Kunststoffmanschette befestigt war.

„Funktioniert! Gib' mal deinen Arm."

Sie legte die Manschette um meinen Unterarm, fummelte etwas daran herum, um sie zu befestigen und drückte dann einen blauen Knopf neben dem Display. Das Gerät gab ein leichtes Summen von sich und ich spürte, wie sich die Manschette immer enger um meinen Unterarm schloss. Dann ertönte ein elektronisches Piepsen und die Spannung ließ wieder nach.

„Seltsam", sagte meine Frau.

„Was ist seltsam?", fragte ich.

„Hast du nicht normalerweise zu niedrigen Blutdruck?"

„Ja, natürlich", sagte ich. Mein Blutdruck war selten höher als 120 zu 80.

„Fühlst du dich irgendwie unwohl?", fragte sie, während sich zwei steile Falten oberhalb ihrer Nase bildeten. Kein gutes Zeichen.

„Nein, eigentlich nicht."

„Na ja, ich muss jetzt weg. Ruh´ dich besser mal ein bisschen aus. Du hast 190 zu 120. Viel zu hoch. Also, bis nachher. Tschüss."

Ein Kuss, dann nahm sie ihren Mantel vom Haken, das Blutdruckmessgerät in die Hand und war verschwunden. Ich stand alleine im Flur. Völlig konsterniert. 190 zu 120. Nur diese beiden Zahlen gingen mir durch den Kopf. Ich hatte doch noch nie zu hohen Blutdruck gehabt. Müsste man das nicht eigentlich merken? Ich stand da und versuchte etwas zu merken. Und tatsächlich: nach ein paar Minuten stellte ich ein unspezifisches Unwohlsein fest. Ja – da war etwas.

Ich muss im Gesundheitslexikon nachsehen, dachte ich. Muss nachschauen, was das bedeutet. Mit Bluthochdruck hatte ich mich noch nie beschäftigt. Langsam drehte ich mich um, allzu ruckartige oder heftige Bewegungen vermeidend, und ging in kleinen Schritten zum Bücherregal im Wohnzimmer. Als ich mit der linken Hand nach dem Lexikon griff, das in der obersten Regalebene stand, meinte ich, so etwas wie ein leichtes Ziehen in der Brust zu spüren. Sofort zog ich den Arm wieder zurück und holte mir einen Stuhl, um ohne allzu extreme Bewegungen an das Buch heranzukommen.

Mit dem Lexikon in der Hand ging ich vorsichtig zum Sofa und setzte mich. Was unter „Bluthochdruck" stand, jagte mir einen fürchterlichen Schreck ein. Von zu hohem Blutdruck, war da zu lesen, spricht man bereits bei einem Wert von 140 zu 90. Demnach musste ich praktisch klinisch tot sein. Bluthochdruck sei eine tückische, schleichende Krankheit, deren Symptome man meist erst bemerke, wenn es schon fast zu spät sei. Wann, verdammt, hatte ich mir das letzte Mal den Blutdruck messen lassen? Möglicherweise litt ich schon lange unter dieser Krankheit, ohne etwas davon zu ahnen.

Vorsichtig legte ich mich auf das Sofa, den Rücken mit einem Kissen gestützt. Ich las weiter: Herzinfarkt und Schlaganfall drohten Hypertonikern wie mir. Wie war das eben mit dem Schmerz in der linken Brust? Wenn ich jetzt einen Schlaganfall bekäme? Niemand würde mich finden. Meine Frau würde erst wieder in zwei oder drei Stunden zurück sein. Und bei einem Schlaganfall zählen doch gerade die ersten Minuten.

Ich streckte mich der Länge nach aus. Jetzt spürte ich mein Herz überdeutlich klopfen, ja geradezu rasen, nahm die Funktionen meines Körpers überdeutlich wahr und jede einzelne Kontraktion meines Herzens. Der große Muskel in meiner Brust arbeitete wie eine außer Kontrolle geratene Lokomotive. 190 zu 120. Sollte ich den Arzt rufen? Oder würde die Aufregung mir den letzten Rest geben? Ich beschloss, erst mal ruhig liegen zu bleiben und zu versuchen, den Blutdruck mit ruhigem, gleichmäßigem Atmen herunterzubekommen. Gegen sein Schicksal kann man eh´ nichts machen.

Über zwei Stunden lag ich so da, dem Tode näher als dem Leben und wie ein Seismograph in mich hineinhorchend. Mein Leben zog an mir vorüber und beim Gedanken an all das, was ich – einen gesunden Blutdruck vorausgesetzt – noch alles hätte machen können, spürte ich, wie meine Augen feucht wurden. Mein Gott, all die Jahre hatte ich nichts davon bemerkt.

Ich muss eingeschlafen sein, hatte das Geräusch des Schlüssels in der Haustür jedenfalls nicht gehört. Aber mein Name wurde plötzlich im Korridor gerufen.

„Hier", antwortete ich mit schwacher Stimme, innerlich bereit – für wen auch immer.

„Was ist denn mit dir los?", fragte meine Frau und warf ihren Mantel über die Stuhllehne.

„Blutdruck", konnte ich nur leise zur Antwort geben.

„Ach übrigens", sagte sie. „Mit dem Messgerät vorhin, da haben wir was falsch gemacht. Die Manschette muss anders rum. Das zeigt sonst total verkehrte Werte an."

Das hätte mir fast den Rest gegeben!

„In Ihrem Alter…!" oder: Fünfzig ist auch nur ein Wort
Petra Urban

Seit Tagen muss ich an Tante Waltraud denken. Wahrscheinlich, weil ich heute Geburtstag habe. Ich werde Fünfzig. Tante Waltraud ist doppelt so alt geworden. Angeblich hat sie im Tod gelächelt. Mich wundert das nicht. Bestimmt hat sie sich kurz vor ihrem Dahinscheiden noch ein fröhliches Wort mit auf den Weg gegeben. Tante Waltraud liebte es, Geistreiches zu zitieren. Mich hat sie damit genudelt. Nur ein einziges Mal hat sie mir einen wirklich praktischen Rat erteilt. Den aber habe ich genauso ernst genommen wie alles Schöngeistige aus ihrem Mund und befolge ihn selbst heute noch.

„Vor dem Schlafengehen fingerdick Niveacreme ins Gesicht", hat sie gesagt, „das beugt Falten vor!" Und ihre Stimme klang feierlich und festlich wie sonst nur bei Versezeilen von Schiller und Goethe.

Dass der Trick mit der Creme bei mir nicht geklappt hat, weiß ich bereits seit längerem.

Heute früh hat eine Nachbarin quer durch die Bäckerei posaunt, sie hätte mich gar nicht erkannt, von hinten würde ich aussehen wie eine junge Frau.

Tante Waltraud hätte in diesem Moment garantiert das Wort irgendeines scharfzüngigen Philosophen auf den Lippen geführt. Hätte es durch den Raum geschleudert wie einen Speer, spitz, vergiftet und tödlich.

Mir fiel überhaupt nichts ein. Nicht einmal ein winzig kleiner rhetorischer Pfeil. Ich war sprachlich regelrecht blockiert.

Verwunderlich eigentlich. Denn genaugenommen habe ich Tante Waltrauds reichhaltigen Zitatenschatz übernommen. Auch bin ich den spontanen Umgang mit Worten gewöhnt. Worte erschrecken mich nicht. Auch das Wort *Alter* erschreckt mich nicht. Weder denke ich dabei sofort an Pigmentflecken noch an dramatischen Feuchtigkeitsverlust der Haut. Selbst das Wort „Fünfzig" bereitet mir keine Angst. Ist schließlich und endlich auch nur ein Wort.

Und an mein Alter habe ich mich gewöhnt. Sisyphos hat sich schließlich auch an seinen Stein gewöhnt. Und angeblich war er ja ein glücklicher Mensch. Zumindest sagt das Albert Camus und Tante Waltraud auch.

Sie liebte übrigens die Farbe Rot. Später im Grab ist es düster genug, lautete ihre Devise. Deshalb habe ich beschlossen, mir heute, aus Anlass meines Geburtstages, eine rote Hose zu kaufen, eine signalrote.

Die Verkäuferin im dunkelblauen Kostüm begeistert meine Idee offensichtlich nicht.

„In Ihrem Alter trägt man eher gedeckte Farben", sagt sie höflich.

Ich verabschiede mich genauso höflich und versuche mein Glück eine Tür weiter.

Dass diese Hose wie angegossen sitzt und nur auf mich gewartet hat, das findet auch der Verkäufer, ein verwegener junger Kerl mit weit offenem Hemd und goldenem Ring im Ohr. Allerdings rät er mir im Vorbeigehen, das gleiche Modell auch mal in Marineblau anzuprobieren.

Auch von ihm verabschiede ich mich ausgesucht höflich.

Draußen treffe ich erneut die Nachbarin aus der Bäckerei. Sie kommt gerade vom Frisör. Warum ich eigentlich so grau sei, will sie wissen, ob das am Schreiben oder an den Genen liege. Und warum ich es nicht auch mal versuche, so ein Zupfelchen Farbe im Haar macht doch gleich viel jünger.

„Und Jugend schafft alles", sagt sie und lächelt auf einmal so verklärt, als sähe sie den Himmel offen stehen.

Ich weiß nicht warum, aber plötzlich höre ich Tante Waltrauds empörte Stimme und komme mitten in der Fußgängerzone aufs Alte Testament zu sprechen. Erkläre es zu einem der wichtigsten Würfe in der Literatur, weil dort nämlich die Alten, selbst die Hochbetagten, noch etwas zählen und sich nicht verstecken müssen.

„Vor einem grauen Haupte sollst du aufstehen und das Alter ehren", zitiere ich so laut, dass einige der vorbeieilenden Passanten sich erschrocken zu mir umdrehen.

Mein Gegenüber klopft mir beschwichtigend auf die Schulter. Und obwohl ich gerade erst zu Sarah komme, die ja bekanntermaßen mit achtzig noch schwanger wurde, verabschiedet sich die Frau.

Zu Hause erwarten mich jede Menge Glückwunschkarten. Ich atme auf. Wahrscheinlich das Beste an diesem Tag. Die erste kommt von meinem Optiker.

Herzlichen Glückwunsch! steht dort geschrieben. Und gleich untendrunter, so winzig klein, dass ich es kaum lesen kann: In Ihrem Alter sind gute Augengläser besonders wichtig!

Wie bereits erwähnt, pflege ich, wie Tante Waltraud, zu allen Worten ein gutes Verhältnis. Auch zu dem Wort „Alter". In diesem Moment allerdings bahnt sich eine erste, durchaus ernst zu nehmende Beziehungskrise an. Ich möchte, was ich ansonsten nie tue, schreien.

Zum Glück klingelt der Paketbote. Ein junger Kerl, der mich überaus freundlich anlächelt. Obwohl ich nicht zum Dozieren neige, zähle ich ihm eine lange Reihe kreativer Köpfe auf, Menschen, die sicherlich grau waren, aber dennoch im hohen Alter schier Unglaubliches geleistet haben.

„Michelangelo!", brülle ich in die Gasse hinaus, „Leonardo da Vinci, Giuseppe Verdi und Hildegard von Bingen nicht zu vergessen!"

Der junge Mann schaut mich entgeistert an.

„Aber klar, doch!", sagt er, „Sie müssen es ja wissen, als Frau des Wortes und in Ihrem Alter…"

Do it yourself
Stefan Schrahe

Als ich damals von dem Unglück erfuhr, habe ich einen Riesenschreck bekommen. Zusemann hatte sich die Hand abgesägt. Er musste in die Kreissäge gekommen sein, als er Bretter für eine Pergola zugeschnitten hatte. Dazu muss man wissen, dass Zusemann alles andere als ungeschickt war. Ob Schweißen, Fliesen legen, Rasenmäher reparieren, Sanitärarbeiten oder Flachdächer abdichten - Zusemann war immer der, den man zuerst fragte, weil er einfach alles konnte. Und deshalb auch der Schreck. Was sollte jetzt aus ihm werden, wenn er nur noch eine Hand hatte? Keiner konnte sich vorstellen, dass einer wie er einfach nur auf dem Sofa sitzen und fernsehen oder sogar anderen bei der Arbeit zusehen würde. Den Wegfall seines besten Kunden würde sogar der Baumarkt an der Umgehungsstraße zu spüren bekommen.

Um ehrlich zu sein, habe ich mich vor einem Besuch bei Zusemann zuerst gedrückt. Man weiß ja nie, was man in solchen Situationen sagen soll. Und ob man den Armen nicht noch unglücklicher macht, wenn man ihn auch noch auf sein Problem anspricht. Andererseits: So tun, als ob gar nichts wäre, geht ja auch nicht. Nach vier Wochen habe ich ihn also endlich besucht. Immerhin hat er mir im letzten Herbst bei der Holzverkleidung im Partykeller geholfen.

Ich war auf das Schlimmste gefasst und daher umso überraschter, als ich ihn in ziemlich guter Stimmung vorfand. Er blätterte in einem Katalog, als mich seine Frau ins Wohnzimmer führte. Ich sagte, wie sehr ich mich freue, dass er wieder wohlbehalten zurück sei, aber er guckte nur kurz hoch, meinte, ich solle keinen Quatsch erzählen, sondern mir mal ansehen, was er da durchblättere. Ich setzte mich neben ihn.

In dem Katalog waren Handprothesen abgebildet. Helle und dunkle, feingliedrige und kräftige, von einfachen Modellen bis hin zu solchen, wahrscheinlich teureren, welche die menschliche Hand täuschend echt nachbildeten. Ich wollte gerade mein Erstaunen darüber zum Ausdruck bringen, welch schöne Prothesen es doch heutzutage gibt. Aber Zusemann kam mir zuvor.

„Das ist doch alles Mist, was die hier haben", sagte er. Ich verstand nicht.

Zusemann erklärte mir, dass er die Prothesen für überhaupt nichts gebrauchen könne. Wenn er schon keine Hand mehr habe, dann solle seine Prothese wenigstens praktisch sein.

Ich verstand immer noch nicht.

Er brauche keine Handprothese, erklärte er mir, sondern würde sich einen Universalanschluss aus dem Vollen drehen lassen. Aus VA. Damit könne man wenigstens richtig was anfangen.

„Einen Universalanschluss wofür?", fragte ich.

„Alles, was man so braucht", antwortete er. „Akkuschrauber, Flaschenöffner, Gripzange, Trennschleifer und so weiter."

Er schob den Katalog zur Seite und zeigte mir ein Blatt Papier, auf dem er seinen Handstumpf und einen 5/4"-Zoll Vierkantanschluss gezeichnet hatte. Der Anschluss war mit vier M8er Feingewindeschrauben direkt mit dem Unterarmknochen verschraubt. Komplett aus Edelstahl, wie er mir stolz erklärte. Und an den Vierkant könne er alles anschließen. Zum Beispiel eine Links-/Rechts-Knarre für Sechskant-Stecknüsse von sechs bis zweiundvierzig Millimetern. Das ergäbe ein ganz anderes Gefühl beim Schrauben. Ich nickte. Das konnte ich mir vorstellen.

Fasziniert schaute ich mir auch noch die anderen Zeichnungen an. Aus einem Katalog für Feinmechanikerwerkzeug hatte er sich einen leistungsfähigen Akku-Antrieb ausgesucht, mit dem er über eine Zwischenwelle beinahe jedes beliebige Werkzeug, von der Fräse bis zur Trennscheibe betreiben konnte. Wirklich praktisch.

Das ist jetzt ein halbes Jahr her. Vor vier Wochen habe ich Zusemann das erste Mal wieder so richtig in Aktion erlebt. Wir haben bei seinem Nachbarn Trockengipsausbau gemacht und anschließend Fliesen verlegt. Zusemann war die Attraktion. Für seine Universal-Prothese hat er inzwischen alles, was an Vorsätzen überhaupt denkbar ist. Kreuz- und Normalschlitz, Inbus und Torque, Winkelschleifer, Rührstab für den Fliesenkleber, Heißluftpistole für Silikon. Er ist mächtig stolz. Gibt es irgendwo ein neues Problem, greift er in seine Tasche, holt einen Vorsatz raus, steckt ihn drauf und die Sache ist erledigt. Man könnte direkt neidisch werden.

Und natürlich war es der blanke Neid, als der blöde Kellmann gestern zu Zusemann sagte:

„Zusemann, was sagt denn deine Frau, wenn du sie mit deinem Metallddings anpackst?"

Ich glaube, das hat ihn nicht wirklich geärgert. Ganz im Gegenteil, ich bin sogar sicher, dass Zusemann auch dafür den richtigen Adapter hat.

Passendes Schuhwerk
Petra Urban

Der Wecker klingelt aufdringlicher als gewöhnlich. Und er ist, im Gegensatz zu mir, bereits zu Scherzen aufgelegt. Warum sonst sollte er sich unter meinem Bett verstecken?

Ich finde ihn natürlich trotzdem. Wie jeden Morgen. Mit geschlossenen Augen und einem Gefühl der Genugtuung stopfe ich ihm, per Knopfdruck, sein loses Mundwerk.

Endlich Stille.

Erschöpft lehne ich mich in meinen Kissen zurück, lausche dem unermüdlich hüpfenden Sekundenzeiger und ahne es bereits.

Heute ist nicht mein Tag.

Mein Körper haftet regungslos an der Matratze, eine Art Wachsabguss. Die Energien, die ansonsten wie frisches Quellwasser durch ihn hindurchsprudeln, scheinen über Nacht versiegt und versickert. Im Geiste rede ich ihm gut zu, argumentiere aus verschiedenen Blickwinkeln. Und endlich habe ich ihn überzeugt. Er streckt sich vorsichtig, wackelt mit den Zehen, bewegt die Finger, gähnt und öffnet die Lider. Nach kurzer Zeit sitzt er sogar.

Ich gehe ins Badezimmer und dusche ausgiebig. Erst anschließend wage ich den Blick in den Spiegel. Auch das habe ich geahnt. Die belebende Wirkung des Wassers lässt auf sich warten. Und das heute. Ausgerechnet. Um Punkt zehn beginnt mein Gespräch mit dem Lektor. Es geht um die Veröffentlichung meines ersten Romans.

"Aber du wirst dort hoffentlich nicht wie der arme Poet aus seinem Dachkämmerchen auflaufen", hatte ein Malerfreund gesagt und mir zu etwas mehr Kleiderchic geraten.

Deshalb war ich einkaufen. Und deshalb hängt es seit Tagen an der Garderobe, das neue Kostüm. Nach Ansicht der Verkäuferin die richtige Wahl für eine erfolgreiche Buchautorin. Klassischer Schnitt, kirschrote Baumwolle mit einem kleinen Anteil Seide.

Da sie Ahnung von Autorinnen hat, will ich wissen, welche Bücher sie gern liest.

„Gar keine!", sagt sie, „ich gucke nur Filme".

Und während sie mir die besten Titel der letzten Monate aufzählt, findet sie zu meinem kirschroten Kostüm zufällig noch die passende Handtasche im Schaufenster. Natürlich Leder. Fein gegerbt wie die Schuhe, die sie mit triumphierendem Gesicht aus dem Regal zieht. Ich melde Zweifel an. Absätze in ähnlicher Höhe habe ich nie zuvor getragen. Die Verkäuferin duldet keinen Widerspruch.

Ich gehorche und fülle einen Scheck aus.

Ich bin nervös. Das bevorstehende Gespräch liegt mir schwer wie Schweinebraten im Magen. Ich schminke mich sorgfältiger als gewöhnlich, ziehe das Kostüm an und entscheide mich für einen Spritzer Parfum. Dann endlich schlüpfe ich in die roten Schuhe. Mit leichtem Hüftschwung bewege ich mich in Richtung Küche. Seltsam. Der Weg durch den Flur erscheint mir steiler als am Vortag. Während ich mit Wasser, Filter und Kaffeepulver hantiere, werfe ich lange, bewundernde Blicke auf meine Beine. Welch zeitlose Eleganz. Welch damenhafte Zier. Schade nur, dass meine Füße unangenehm zu schmerzen beginnen. Nervös trete ich auf der Stelle umher. Im Radio meldet eine fröhliche Stimme Sonne im Überfluss. Derart gutgelaunte Menschen müssen bequeme Schuhe tragen, schießt es mir durch den Kopf und ich kokettiere mit dem Gedanken, meine weißen Sandalen anzuziehen. Diese ausgetretenen, herrlich bequemen...

„Nein!", höre ich den empörten Aufschrei der Verkäuferin und nicke.

Im Auto ist es heiß wie in einem Backofen. Meine Fußsohlen scheinen auf glühenden Kohlen zu stehen. Ein unangenehmer, beißender Schmerz. Charmant lächelnd versuche ich ihn zu ignorieren und mich auf das bevorstehende Gespräch zu konzentrieren.

Im Verlag werde ich bereits erwartet. Man führt mich in ein geschmackvoll eingerichtetes Zimmer und bittet mich um Geduld. Ob man mir die Tüte abnehmen darf, werde ich gefragt. Ich verneine höflich und presse sie an mich wie ein Ertrinkender den Rettungsring.

Dann bin ich allein. Ich schaue mich um, betrachte die Bücherregale, die Bilder an den Wänden und die wohlgeformte Skulptur aus Ebenholz, die ich um ihre nackten Füße beneide. Verstohlen schlüpfe ich aus meinen Schuhen heraus, beuge mich hinunter und massiere meine Zehen.

Es dauert nicht lange und die Tür öffnet sich schwungvoll. Mein Gegenüber ist klein und zierlich. Der Händedruck erstaunlich kräftig. Das Gesicht kündet von jeder Menge Leben, die kreuz und quer verlaufenden Falten erinnern mich an das Wegenetz einer Wanderkarte. Die Augen gleichen grauen Gewässern. Je nach Lichteinfall und Stimmung scheint sich ihre Tiefe zu verändern. Ein faszinierendes Naturschauspiel. Ich beobachte es staunend.

Die Frau lächelt. Wenn sie spricht, kommen ihre Hände in Bewegung. Zwanglos gleiten die zarten Finger durch die Luft. Ohne dass ich es bemerkt habe, bin ich in ein Gespräch verwickelt. Ich konzentriere mich auf jedes Wort. Es fällt mir schwer. Meine Füße brennen mittlerweile wie Feuer. Die Flammen schlagen bereits die Beine hinauf.

„Für mich muss eine gute Schriftstellerin aus der Reihe tanzen können", sagt die Frau, „schaffen Sie das in diesen Schuhen?"

Ihre Augen sind heitere Seenlandschaften.

Ich schlucke. Ich fühle mich wie eine Schauspielerin, die sehnsüchtig auf ihr Stichwort gewartet hat. Ohne zu zögern reiße ich die Papiertüte auf und zerre meine weißen Sandalen heraus. Verschämt halte ich sie in die Höhe.

Die Frau nickt zufrieden, zieht mein Manuskript aus der Schublade und begrüßt mich als neue Autorin des Verlages.

Erst jetzt bemerke ich, dass sie einen schiefergrauen Hosenanzug trägt und weiße, mordsmäßig ausgetretene Sandalen.

Kassenkampf
Stefan Schrahe

Der Kampf war kurz und heftig.

Er traf mich unvorbereitet, aber die Deutlichkeit meiner Niederlage war so offenkundig, dass ich dies nicht als Entschuldigung heranziehen kann. Die Schnelligkeit, mit der die Kassiererin die Sachen übers Band gezogen hatte, die Virtuosität mit der ihre Finger über das Tastaturfeld der Registrierkasse huschten, ließen mir keine Chance. Ich hatte alle Mühe, den australischen Chardonnay, „Karlskrone" Alsterwasser und „Sterngold" Apfelmus ohne Beschädigung in meinen Einkaufswagen zu befördern – immer stärker, heftiger und schneller war mir der Schwall von Gläsern, Dosen und Papp-Verpackungen erschienen, der sich auf dem silber-geriffelten Blech hinter dem Kassenfließband angesammelt hatte. Und als der Strom endete, bauten sich immer noch turmhoch „Knusperone"-Zimtchips, „Tandil"-Spülmaschinentabs und „rio d´oro"-Apfelsaftverpackungen hinter dem Fließband auf, während die Kassiererin mir – ohne mich dabei anzuschauen – ihre Hand schon mit dem Kassenzettel und abgezähltem Wechselgeld entgegenhielt – bevor ich überhaupt wusste, wo ich mein Portemonnaie hingesteckt hatte, geschweige denn, mit welchem Geldschein ich bezahlen würde.

„Sechsundzwanzig Euro siebenunddreißig."

Schweiß bildete sich auf meiner Stirn. Nie werde ich den geringschätzigen Blick der Kassiererin vergessen, als ich versuchte, mit der linken Hand die restlichen Waren abzuräumen und mit der rechten in den Innentaschen meiner Jacke nach dem Portemonnaie zu suchen. Endlich fand ich die Geldbörse, öffnete sie mit zitternden Fingern und holte je einen zum Wechselgeld passenden Zehn- und einen Zwanzig-Euroschein heraus. Keine Zeit, den Druckknopf des Münzfachs zu öffnen, stopfte ich drei Euro dreiundsechzig Wechselgeld samt Kassenzettel in die Hosentasche, wischte mit einer Handbewegung die letzten, unzerbrechlichen Gegenstände vom Plateau in den Einkaufswagen und verließ fluchtartig die Aldi-Filiale. Draußen holte ich erstmal tief Luft.

Nie im Leben hatte ich mich so gedemütigt gefühlt. Öffentlich angezählt, versagt. Doch noch während ich den Lebensmittelvorrat für die kommende Woche im Kofferraum verstaute, änderte sich meine Stimmung. Wie ein Boxer, der sich plötzlich in einer Ecke des Rings am Boden wiederfindet, aufsteht und den Schmerz über den unerwarteten Tiefschlag als Quelle seiner Wut und Energie für den Gegenschlag nutzt, schwor ich mir – während ich den Einkaufswagen zurückbrachte – Rache zu nehmen. Schon bald. In dieser Filiale.

Und jetzt ist der Tag der Abrechnung gekommen. Äußerlich nicht von den anderen Kunden zu unterscheiden, betrete ich die Stätte meiner Niederlage, folge aber diesmal beim Bepacken meines Einkaufswagens einem ausgefeilten Plan, den ich in den vergangenen Wochen wieder und wieder durchgegangen bin. Nach einer guten halben Stunde stelle ich mich ans Ende der Schlange, hole tief Luft und gehe alles noch mal im Geiste durch. In wenigen Sekunden wird der Kampf beginnen.

Am Start gerate ich etwas in Rückstand. Der Typ vor mir muss seine fünf Packungen „Gartenkrone"-Buttergemüse und die „Baroni"-Champignonbaguettes noch abräumen, bevor er seinen Einkaufswagen Richtung

Ausgang bewegt und endlich Platz für meinen macht. Die Kassiererin hat unterdessen „kokett"-Klopapier, -Küchenrollen und -Taschentücher, „Mamia"-Höschenwindeln und „Olivia"-Damenbinden zwar schon aufs Plateau geschoben, aber da diese Artikel nur als weiche Unterlage für die nächsten dienen sollen, wische ich sie mit einer einzigen Handbewegung in den Wagen.

Einen möglichen Rückstand hatte ich einkalkuliert und als nächstes unzerbrechliche Kleinteile mit unterschiedlichen Preisen aufs Band gestellt. Mit „Mission"-Ananas in Scheiben, „Sweet Valley"-Mandarinen-Orangen, „Bill Collins" Feuerzauber Texas, „La Miranda"-Thunfisch in Öl, „Romeo"-Hundenahrung für 65 Cent, „Koppa"-Hundenahrung für 79 Cent, „Shah"-Katzenfutter für 34 Cent und „Cachet"-Katzenfutter für 29 Cent kämpfe ich mich wieder heran. Von jedem nur eine Dose. Ich will es ihr schließlich nicht zu leicht machen.

Jetzt kommen die seltenen Artikel. Bei „Kaiserpfalz"-Magenbrot, „St. Benedikt"-Meerwasser-Nasenspray und Lachsöl, „Schluckwerder"-Edelmarzipaneiern, Nürnberger Oblatenlebkuchen – es ist mitten im Sommer –, „Sweet Valley"-Kuvertüre, „Kür"-Haarlack, „Nicole"-Parfüm-Deospray, „Lacura"-Tages- und Nachtcreme, „Joka"-Wildpreiselbeeren und „Krüger if"-Magnesiumtabletten muss sie jedes Mal einen Sekundenbruchteil nachdenken und es gelingt mir, das Plateau vollständig leer zu räumen. Ihre Bewegungen verraten erste Anzeichen von Unsicherheit.

Als nächstes die Artikel, die als „nur vorübergehend im Angebot" gekennzeichnet waren. Mit Abschminktüchern, Auto-Ersatzlampen-Set, Dosenbrot, Edelstahlreiniger und Bihunsuppe tut sie sich schwer. Als ich den englischen Brotaufstrich nehmen will, sagt sie: „Den noch nicht". Und bei „Cutasept" gegen Fußpilz muss sie sogar ihre Kollegin fragen – ich lasse währenddessen einen genervten Seufzer hören –, bevor sie mir die Tube gibt.

Dann ist Schluss. Zum Finale habe ich mir noch eine Flasche „Veuve Monsigny" gegönnt.

„Dreiunddreißig Euro siebenundzwanzig", sagt sie und hält mir den Kassenbon mit einem Euro dreiundsiebzig Wechselgeld entgegen.

Aber ich habe längst in meine Hosentasche gegriffen.

„Ich hab´s passend", antworte ich, halte ihr dreiunddreißig Euro siebenundzwanzig entgegen und lächele ihr überlegen zu.

Wie erstarrt wirkt sie, hat sichtlich Mühe, in ihrer Verwirrung das Kleingeld in die jeweiligen Kästchen der Registrierkasse einzusortieren. Ich aber wünsche ein schönes Wochenende, verlasse erhobenen Hauptes die Aldi-Filiale und lasse mir meine gute Laune auch nicht dadurch verderben, dass ich – ohne Hund, Katze, Baby, Fußpilz oder konkreten Bedarf für Damenbinden – jetzt als erstes einen großen Müllcontainer aufsuchen werde.

Die Fahrradtour oder: Die bewegte Schriftstellerin
Petra Urban

Sonntage können langweilig sein wie stehen gebliebene Uhren.

Vor allem im Sommer. Wenn sich nichts, aber auch gar nichts bewegt. Außer vielleicht die Kirchturmglocken der Basilika. An diesem Sonntag allerdings wird sich etwas bewegen. Ich bin zu einer Fahrradtour eingeladen.

Zum Glück besitze ich ein Fahrrad. Glaube ich jedenfalls. Es müsste irgendwo im Keller hausen. Lichtscheu wie eine Assel, ängstlich wie eine Fledermaus. Obwohl es sich zu ducken scheint, als ich komme, finde ich es trotzdem.

„So etwas fährt heute kein Mensch mehr", sagt der Mann im Fahrradladen und schaut mich an, als hätte ich selbst jahrelang im Keller gelebt. Ich bestehe trotzdem auf neuen Reifen. Bloß weil die platt sind wie Pizzateig, erkläre ich mein Rad doch nicht zum Müll. Schließlich verfügt es über zwei erstaunlich gute Eigenschaften. Es trägt mich, was bedeutet, ich muss nicht zu Fuß laufen. Und – ich kann es abstellen, wenn auch meine Luft mal ausgeht. Was bei hitzigen Temperaturen ja gern passiert. Mir zumindest. Bewegt mehr im Geist als im Ganzen. Dennoch hoffe ich, am Sonntag kein auffallend schlechtes Bild abzugeben. Schließlich kommt meine sitzende, halbgebückte Stellung am Schreibtisch dem sportlichen Einsatz doch recht nahe.

Da der Verkäufer mein Rad als wenig lauffreudig bezeichnet, schiele ich an der Kasse nach der „Power-Bar". Hier findet der Radler alles zum Durchhalten. Ich kokettiere mit einem Power-Drink, in Anbetracht der sommerlichen Temperaturen gar mit zweien. Beim Preis meiner montierten Reifen allerdings beschließe ich, die Power in mir selbst zu haben.

Man empfiehlt mir luftige Bekleidung für die Radtour. Kurze Hose, Träger-T-Shirt, Sandalen, vielleicht noch eine Sonnenbrille. Mehr nicht. Auf gar keinen Fall Gepäck. Höchstens eine Decke für die Verschnaufpause. Im Gras.

Ich gehorche. Schließlich glaube ich an das Gute im Menschen, auch an den gut gemeinten Rat.

Dann geht's los. Runter von der Straße, rauf auf den Radweg. Wo Rhein und Nahe zusammenfließen, der Geist des Weines über den Wassern schwebt und Heerscharen von Radlern unermüdlich strampeln.

Beflügelt durch einen Schluck aus meiner Plastikflasche, trample und trete auch ich, surre und schnurre seltsam schwerelos dahin. Das Plätschern des Flusses ganz nah an meinem Ohr.

Obwohl ich Vergleiche grundsätzlich ablehne, stelle ich bereits nach wenigen Metern fest: Ich trete bedeutend leichtfüßiger in die Pedale als viele der Entgegenkommenden. Auch ist mein Gesicht freundlicher. Muffeln gibt's bei mir nicht. Frohgemut grüße ich in alle Richtungen. Die Müßiggänger am Wegesrand genauso wie die Eifrigen auf meiner Bahn. Zwischendrin zitiere ich Heines „Rheinreise" und beim Anblick heftig flatternder Fahnen ein Gedicht von Hölderlin.

Am Ziel unserer kleinen Reise, im Schatten rauschender Baumkronen, bin ich alles andere als angestrengt. Ganz im Gegenteil. Ausgestreckt im Gras, die Arme unterm Kopf verschränkt, fühle ich mich inspiriert und an die Nussbäume aus Goethes Werther erinnert. In meine erlesenen Gedanken hinein erklärt eine Frau recht lautstark, dass sie ihr Fahrrad stehen lässt und mit dem Zug nach Hause fährt. Dabei starrt sie mich an, als erwarte sie wesentliche Worte von mir. Ich spiele mit dem Gedanken, ihr vom Schicksal des unglücklichen Werther zu erzählen. Schweige allerdings beim Anblick ihres unnatürlich roten Gesichtes. Schließlich gibt es Augenblicke im Leben, in denen wir für literarische Schönheit gänzlich unempfänglich sind.

Lächelnd breche ich den Heimweg an.

Schon nach wenigen Metern verliert sich mein Lächeln in den Fluten des Rheins. Geht unter wie die sprichwörtlich bleierne Ente. Es ist zum Haare raufen. Obwohl ich trete und trample, komme ich kaum von der Stelle. Ich kämpfe gegen Windmühlen, bin ein Don Quichotte auf seiner Rosinante.

Im Gegensatz zu mir treten die Entgegenkommenden erstaunlich leichtfüßig in die Pedalen. Muffeln gibt's bei ihnen nicht. Ihre Gesichter blicken freundlich drein. Meines nicht. Es hat keine Kraft zu lächeln. Es glüht um sein Leben.

Irgendwo habe ich einmal gelesen, dass der Puls nie über hundertachtzig kommen sollte. Meiner fühlt sich an, als wäre er bei zweihundertachtzig oder dreihundertachtzig?

Hinter mir klingelt es fröhlich. Im nächsten Moment rauschen zwei Männer an mir vorbei. Mit offenem Mund starre ich ihnen hinterher. Der mit dem Helm strampelt und redet wie ein Metronom, unbeirrbar und ohne Ende.

Wie schafft der das? Wieso muss der nicht atmen?

Ich begreife es nicht. Schweiß tropft von meiner Stirn. Ich stöhne, trete, ringe mühsam nach Luft. Nicht einmal mehr einen Gedanken kann ich bewegen. Jeglicher Fluss in meinem Kopf ist verebbt.

Nur eine Welle der Sympathie ist noch da. Für die Frau von vorhin. Ich verstehe jetzt, warum sie mit dem Zug heimfahren wollte. Ich will es auch. Will zurück an meinen Schreibtisch.

Und dort den nächsten Sonntag erwarten. Unbewegt soll er sein. Genau wie ich.

Spiderman
Stefan Schrahe

Womit soll ein Mann sich heute Respekt verschaffen? Das Geld kommt aus dem Automaten, die Frauen haben Führerscheine – manche fahren sogar Motorrad – und die Kinder bedienen den Computer besser als man selbst. Es ist schwirig geworden, zu beweisen, was für ein Kerl in einem steckt. Also muss man die wenigen Gelegenheiten, die sich dazu bieten, konsequent nutzen.

Wie jetzt, wenn die kältere Jahreszeit kommt. Da passiert es oft, dass ich plötzlich meine Frau in heller Panik meinen Namen rufen höre oder eines der Kinder stößt erst einen Schreckensschrei aus und ruft dann, so laut es kann: „Papa!". Jeder andere würde wohl alles stehen und liegen lassen. Würde, vom nackten Entsetzen der Stimmen alarmiert und auf einen fürchterlichen Anblick vorbereitet, in Richtung des Rufs stürmen. Jeder andere – aber ich nicht!

Denn ich weiß, dass dann meine Stunde gekommen ist.

Ich antworte nicht sofort, sondern gehe überlegen lächelnd in die Küche und bewaffne mich. Aus dem Hängeschrank hole ich ein Glas – am besten sind ehemalige Senfgläser – und pflücke mir im Korridor eine Postkarte von der Pinnwand.

„Wo bleibst du denn?", schallt es mir in heller Aufregung entgegen.

„Bin schon unterwegs", antworte ich leicht genervt. Es macht mir Spaß, sie ein bisschen zappeln zu lassen.

Der Schrei kam diesmal von oben. Also gehe ich – Glas und Postkarte in der Hand –, die Treppe hinauf und werde von zwei sich ängstlich an die Wand drückenden Kindern erwartet. Meine Frau steht zwar schützend vor ihnen, ist aber auch nur noch in der Lage, ihren Arm zu heben, um mit dem Zeigefinger auf die Ursache des Schreckens zu deuten.

Mein Blick fällt auf eine schwarze Spinne, die regungslos – wahrscheinlich erstarrt wegen der spitzen Schreie – im Winkel zwischen Wand und Decke sitzt. Ein recht stattliches Exemplar, aber kein Vergleich zu denen, die ich schon aus unserer Badewanne geholt habe.

Ich weiß, was ich tun muss. Denn ich bin bei uns der „Spiderman", der die Spinnen nicht nur beseitigt, sondern sich auch todesmutig alleine in den Keller zu den Getränkekästen traut, in die Garage zu den Gartengeräten geht und der sogar mit der Hand in die Gummistiefel fasst, die dort seit Monaten unbenutzt herumstehen.

„Stuhl!", sage ich.

Der knappe, präzise Befehl reicht völlig aus, sofort flitzt jemand los, mir einen Stuhl zu besorgen. Ich steige auf, fixiere die Spinne mit meinem Blick und setze dann entschlossenen das Glas mit der Öffnung genau über das Untier, begleitet von einem mühsam unterdrückten Schreckenslaut meiner Zuschauer. Plötzlich merkt die Spinne, was gespielt wird. In dem Augenblick, in dem das Glas die Wand berührt, erwacht sie aus ihrer verharrenden Pose und läuft hektisch hin und her, die Glaswände entlang, auf den Boden des Glases und wieder zurück. Langsam schiebe ich die Postkarte unter das Glas, nehme dann beides von der Wand und präsentiere meinem staunenden Publikum, das sich erst zögerlich, dann aber doch neugierig nähert, meine Trophäe.

Man schwankt offenbar zwischen Bewunderung für

meine Unerschrockenheit und Ekel vor dem immer noch herumzappelnden Monster. Ich steige vom Stuhl und gehe mit der Spinne im Glas die Treppe hinunter zur Eingangstür. Langsam weicht die Spannung. Erleichterung macht sich breit.

„Öffnen!"

Bereitwillig wird die Haustür geöffnet. Ich trete nach draußen, nehme die Postkarte vom Glas und schleudere das Untier zurück in die Natur.

„Bis zum nächsten Mal", flüstere ich ihm hinterher. Denn, wenn mich Farbe, Größe und die Zeichnung des Körpers nicht getäuscht haben, hatte ich mit dieser hier schon mindestens drei Mal das Vergnügen.

Ich töte die Spinnen nicht. Denn, ganz im Vertrauen: Ich habe einen Deal mit ihnen. Ich lasse ihnen die Chance, auf irgendeinem Weg wieder ins Haus zu kommen. Dafür helfen sie mir bei der Demonstration meiner Unersetzlichkeit.

Ich liebe diese Jahreszeit!

Der Musenkuss oder: Die Sonne bringt es an den Tag...
Petra Urban

Eines weiß ich sehr genau. Wenn die Muse nicht küssen will, hat es wenig Sinn sich am Schreibtisch festzubeißen und auf die begehrte Zärtlichkeit zu warten. Den Musenkuss kann man genauso wenig erzwingen wie den Sonnenschein. Auch nicht durch bemerkenswerte Hartnäckigkeit. Verweigert sich die edle Dame, hilft eines nur allein: Eine schöpferische Pause.

Ich habe es mir zur lieben Gewohnheit gemacht, sie hin und wieder in der Weinstube gleich nebenan zu verbringen.

Heute ist es mal wieder soweit. Mein Wortstrom ist verebbt, mein Geist am Schreibtisch erloschen. Von der Muse weit und breit keine Spur.

Also wende ich mein Gesicht der „Sonne" zu. So heißt besagte Weinstube gleich nebenan und macht ihrem Namen alle Ehre. Kaum öffne ich die Tür, geht mir ein erstes Licht auf. Lucidum intervallum, nennt der Lateiner diesen hellen Moment, ich nenne es eine großartige Idee, hierher gekommen zu sein.

Und so sitze ich im Licht der Sonne, werfe einen vergnügten Schatten und genieße ein gutes Glas Burgunder. Habe Papier und Stift vor mir auf dem Tisch liegen, falls die Muse über den Rand meines Glases plötzlich unverhofft die Lippen spitzt.

Um mich herum fröhliches Wortgewimmel. Das gefällt mir. Geselligkeit markiert für Menschen wie mich ein hohes Gut. Denn Schreiben ist ein einsames und stilles Geschäft. Hier dagegen geht es zu wie in Auerbachs Keller.

Am Nebentisch besteht eine Dame darauf, dass ihr Mann seit der Kur zu mager für sie ist. Vor ihrem mächtigen Busen schwingt ein Bernstein von beachtlicher Größe, eine Art Foucault'sches Pendel. Sie trinkt einen guten Schluck und erhebt plötzlich die Stimme: „Durch deine Rippen scheint ja des Morgens schon bald die Sonne!"

Dieser Satz an diesem Ort inspiriert mich, gefällt mir zudem über die Maßen. Und obgleich man mir nachsagt, ich würde mitunter zuviel reden, beschließe ich, das Wortspiel weiterzuspinnen.

„Ja, ja, die Sonne bringt es an den Tag!", rufe ich hinüber und hebe lachend mein Glas. Und weil jedes gute Wort Brücken baut, von Mensch zu Mensch, und auch von Tisch zu Tisch, füge ich, immer noch lachend, einen kleinen Scherz hinzu: „Lieber ein abstehendes Hinterteil als vorstehende Backenknochen, ist es nicht so?"

Keiner lacht mit. Am Nebentisch herrscht Totenstille. Dumpfes, dunkles Schweigen. Auch der Bernstein schaut mich an, als hätte ich einen Sonnenstich.

Zum Glück geht die Tür auf und ein Mann im tannengrünen Hemd, mit Lederhosen, Hut und wippendem Gamsbart kommt herein. Er lenkt von mir und meiner ungelungenen Bemerkung ab. Der Mann ist nicht eigentlich dick. Nur ein wenig kurz und kräftig, bei ihm würde die Sonne noch nicht einmal durch die Ohrläppchen scheinen.

Ob er sich zu mir setzen dürfe, fragt er und macht ein Gesicht wie Pankraz, der Schmoller.

Ich nicke.

Er hat sein Auto zugeschlagen und wartet auf den Schlüsseldienst. Je mehr er erzählt, umso stärker schwitzt er. Selbst das Bier bringt keine Kühlung.

„Teufel, ist das heiß hier!", stöhnt er.

Ich schaue zum Nebentisch hinüber, wo endlich wieder geredet wird. Allerdings leiser als zuvor.

„Soll ich Ihnen sagen, woran das liegt?", frage ich kaum hörbar.

„Logisch!", donnert der Gamsbart und es hätte mich nicht gewundert, wenn von den Wänden ein Echo widergehallt wäre.

Ich beuge mich zu ihm hinüber, mache ihm ein Zeichen, etwas näher zu kommen, und flüstere hinter vorgehaltener Hand. „Wir sitzen hier in der Sonne, deshalb ist es so heiß!"

Nun bilde ich mir nicht ein, nur weil ich Bücher schreibe, Gottes geistreichster Wurf zu sein. Aber unsere Talente vergraben sollen wir nun auch nicht. Und ich habe nun mal die Gabe der Wortspielerei mitbekommen. Mir gefällt mein neuerlicher Scherz.

Meinem Gegenüber, wie ich sehe, auch. Sonst würde er nicht mit der fleischigen Hand auf den Tisch hauen, dass es kracht im Gebälk. Und jetzt lacht er zudem dröhnend und brüllt: „Verfluchte Sonne!"

Alle im Raum sind schlagartig still und starren zu uns herüber. Der Wirt, auch Helios, der Sonnengott genannt, kneift sogar die Augen zusammen. Bedrohlich sieht das aus. So düster und wolkig habe ich ihn noch nie dreinschauen sehen. Eigentlich ist er eine rechte Frohnatur, mit Glanz in den Augen. Aus heiterem Himmel allerdings ist die Sonne in seinem Blick untergegangen. Er hat sich in einen Kriegsgott verwandelt.

Ich winke erschrocken ab. „Er meint das nicht so, wie er es sagt, der Herr mit dem Hut." Ich zeige auf mein Gegenüber.

Keine der Mienen im Raum entspannt sich. Sonnenfinsternis. Götterdämmerung.

Aber die Situation erinnert mich an etwas, und das ist gut so. Mindestens dreißig Jahre ist das her. Ich war Studentin und hockte mit meinen Kommilitonen in der Wüste. Studienreise. Plötzlich kamen Berber geritten, wilde Gesellen, bei deren Anblick unser Professor empfahl, zu singen, da Musik, wie er meinte, etwas Verbindendes und vor allem Beruhigendes habe. Damals haben wir ein Weihnachtslied angestimmt. Das allerdings erscheint mir in diesem Moment unpassend.

Ich schaue in die finsteren Mienen, erhebe mich und meine Stimme und entscheide mich für: „Flieger, grüß mir die Sonne…!"

Zum Glück kommt der Schlüsseldienst herein und singt mit. Auch der Gamsbart erhebt sich, und mit ihm der kleine Mann, der seit der Kur zu dünn ist. Selbst der schwebende Bernstein schiebt den Stuhl zurück und jetzt auch die Gäste am nächsten Tisch und sogar der Wirt und schließlich steht und singt der ganze Saal. Ein dionysischer Sonnenchor.

Am Ende des Liedes prosten sich alle zu.

Ich verbeuge und verabschiede mich wortlos und habe es plötzlich genauso eilig wie der Gamsbart und der Schlüsseldienst. Denn ich merke es deutlich. Sie hat mich geküsst. Mitten im Lied und in aller Heimlichkeit. Mit Macht drängt es mich zurück an meinen Schreibtisch. Mein Geist leuchtet lichter als bengalisches Feuer. Dieser Musenkuss – zweifelsohne! – war ein Sonnenkuss.

Alles auf Video
Stefan Schrahe

Die Vorstellung sollte jeden Moment beginnen. Mehr als hundert Eltern saßen auf den Stühlen, die im Schulfoyer vor der provisorischen Bühne aufgebaut waren. Seit Tagen hatte meine Tochter der Aufführung entgegengefiebert, sich ihren Text endlose Male abfragen lassen und das Kostüm wieder und wieder anprobiert. Wahrscheinlich war ihr jetzt in der Garderobe schlecht vor Aufregung.

Plötzlich bemerkte ich, dass ich anscheinend der einzige Vater ohne Videokamera am Handgelenk war. Alle anderen schienen pflichtbewusst an die Verewigung des großen Moments für die Nachwelt gedacht zu haben. Während ungefähr vierzig oder fünfzig Videokameras auf Anschlag gingen, entdeckte ich mit einem Anflug schlechten Gewissens plötzlich Jürgen am linken Ende meiner Stuhlreihe. Seine Tochter Cora und meine waren befreundet.

Jürgen machte sich an einem Stativ zu schaffen, auf das er eine kleine, silberne Kamera montiert hatte. Als es plötzlich dunkel wurde, schaltete er sie ein – vorne brannte ein rotes Licht – und verließ den Zuschauerraum in Richtung Schulhof.

In der Pause traf ich ihn an der Getränketheke und fragte, warum er denn hinausgegangen sei. Er antwortete, dass er noch eine zweite Kamera auf der anderen Seite postiert habe. Beide Filme würde er dann – mit interessanten Perspektivwechseln – zusammenschneiden. Dabei würde er sich das Stück noch oft genug anschauen und habe deshalb ruhig rausgehen, eine Zigarette rauchen und die frische Luft genießen können.

Nach dieser Erklärung war die Frage, ob er das hobbymäßig betreibe, eigentlich überflüssig – schien ihm aber das richtige Stichwort zu liefern. Jürgen geriet richtig in Fahrt. Schon vor ein paar Jahren, erzählte er mir, hätte er mit Video 8 gefilmt. Ungefähr hundertzwanzig Kassetten habe er aus dieser Zeit – mehr als zweihundert Stunden Originalmaterial. Jetzt sei er gerade dabei, das unhandliche Format zu digitalisieren und auf CD-ROM zu archivieren. Seitdem er auf einen digitalen Camcorder gewechselt sei, wäre Speicherkapazität ohnehin kein Thema mehr. Coras Geburtstage, jedes Weihnachtsgedicht, jede Reaktion auf ein überraschendes Geschenk, jedes neu eingespielte Stück auf dem Klavier, jede Veränderung ihres Zimmers oder der Catwalk durch das Wohnzimmer mit neuem Top oder Sweatshirt – alles werde für die Nachwelt festgehalten.

Wann er sich diese Filme denn ansehe, wollte ich wissen – außer beim Schneiden?

Jetzt seien die Filme vielleicht noch nicht so interessant, gab er zu, aber da müsse man langfristig denken. Wenn Cora erst mal ihren eigenen Kindern oder sogar Enkeln ihre Freude über den neuen Bikini, ihr Meerschweinchen oder den Besuch im Streichelzoo im Original zeigen könne, würde sich der wahre Wert der Aufnahmen erweisen. Sie würde da mal über Möglichkeiten verfügen, von denen wir nicht zu träumen wagten.

Ich dachte an die wenigen Fotoalben, teils noch mit verwackelten Schwarz-Weiß-Schnappschüssen einer billigen Kassetten-Kamera, die ich zu meiner Kommunion geschenkt bekommen hatte, und mit deren Hilfe ich dann und wann versuche, meinem Nachwuchs einen unscharfen Eindruck meiner eigenen Kindheit zu vermitteln.

„Die Cora", sagte Jürgen und sein Gesicht nahm einen schwärmerischen Ausdruck an, „die kann ihren Kindern oder Enkeln später alles so zeigen, als seien sie selbst dabei gewesen."

„Wir haben sogar" – und jetzt rückte er ein wenig näher an mich heran – „ihre komplette Geburt auf Video. Sieben Stunden. Zwei Kameras hatte ich dabei, musste im Kreißsaal eine Steckdose suchen, um den Akku immer wieder aufzuladen und einmal hat die Hebamme das Stativ umgerannt. Als Coras Köpfchen raus kam, habe ich das mit Makro gefilmt und nachher am Schneidetisch das ganze im Zeitraffer abgespielt, damit es nicht so langweilig ist."

Ich war beeindruckt und bekam erneut ein schlechtes Gewissen, solch unvergessliche Momente für meine Kinder nicht digital festgehalten zu haben.

Mein anerkennendes Kopfnicken muss Jürgen noch weiter ermuntert haben.

„Ganz im Vertrauen", sagte er, jetzt etwas leiser als zuvor. „Wir haben nicht nur ihre Geburt auf Video."

Ich brauchte einen Moment, um zu verstehen.

„Wie, ihr habt...?", fragte ich, als er mir schon ins Wort fiel.

„Genau", flüsterte er. „Cora ist ein Wunschkind. Exakt geplant. Wir wussten auf den Tag genau, wann es passieren muss. Und da habe ich nichts dem Zufall überlassen. Scheinwerfer, Zoom mit Fernbedienung, war alles da. Kriegt sie zum achtzehnten Geburtstag."

Da läutete es zum Ende der Pause, der Saal verdunkelte sich – nur vom Glimmen zahlreicher roter LEDs durchbrochen – und ich hatte wieder dieses Gefühl, auf der anderen Seite des Mondes zu leben.

Er gehört zu mir…
Petra Urban

Natürlich pflastern Worte meinen Weg. Aber auch eine ganz bestimmte Art von Männern. Ich habe sie so häufig gewechselt, dass ich nicht sagen kann, wie viele ich im Laufe meines Lebens gehabt habe. Ich weiß nur, es waren erschreckend viele. Irgendwann habe ich aufgehört, sie zu zählen. Warum auch. Eine solche Statistik würde keinen Sinn machen. Vorbei ist vorbei. Mehr ist dazu nicht zu sagen. Sicherlich, manchmal wäre eine Aussprache sinnvoll gewesen. Der Versuch, sich dem anderen bewusst zu öffnen, sich ihm gegenüber verletzbar zu machen.

Zu meiner Verteidigung kann ich nur sagen, ich habe mir im Vorfeld häufig die richtigen Worte zurechtgelegt, aber im entscheidenden Moment den Mund nicht aufgekriegt. Habe ihn einfach nicht aufgekriegt. Also bin ich aufgestanden und gegangen. Jedes Mal ohne Erklärung und jedes Mal für immer. Bin einfach gegangen und nicht mehr zurückgekehrt. Selbst die Bilder von mir habe ich nicht abgeholt. Und die waren immer atemberaubend intim. Meistens nur Detailaufnahmen, aber aus gewagter Perspektive, wie in mich hineinfotografiert. Ich hatte halt Vertrauen.

Wenn ich den einen verlassen hatte, dauerte es nie lange, bis ich zum nächsten eilte. Manchmal nur wenige Monate. Wenn es mir schlecht ging, sogar nur Wochen. Ich habe sehr bewusst gesucht. Wahrscheinlich habe ich deshalb stets so schnell einen neuen gefunden. Das waren immer Glücksmomente. Einmal habe ich sogar auf eine Anzeige reagiert. Natürlich war ich nicht die einzige. Ich musste lange auf ihn warten. Aber es war mir gleichgültig. Was ich über ihn gelesen hatte, überzeugte mich. Leider währte auch unsere Liaison nicht länger als drei Monate. Auf Dauer war er mir zu weit entfernt.

Alle meine Beziehungen zu diesen Männern waren ähnlich strukturiert. Jeder durfte mir nah kommen. Sehr nah. Und wie oft habe ich mir gewünscht, der aktuelle möge behutsamer sein, als sein Vorgänger, gefühlvoller. Ist das denn zuviel verlangt?

Seit einiger Zeit habe ich einen neuen. Genau gesagt, seit beinah drei Jahren. So lange habe ich noch keinem die Treue gehalten. Vielleicht liegt es daran, dass er mit Abstand der jüngste ist. Außerdem riecht er besonders gut. Ich mag sein Rasierwasser. Und ich mag es, wenn er geraucht hat, bevor er zu mir kommt. Ich hatte noch nie einen Raucher. Letztlich habe ich ihn zufällig mit einer anderen gesehen. Es war schrecklich. Ich hatte aus Versehen die falsche Tür geöffnet. Wirklich, ich konnte kaum hinschauen. Aber auch das muss ich lernen. Er gehört zwar zu mir, aber er gehört mir nicht allein. Das war von Anfang an klar.

Er hat nur einen Fehler.

Er redet gern. Nun rede ich selber auch sehr gern und würde mich hüten, irgendwem das Wort zu verbieten. Schließlich weiß ich nur zu gut, wie viel Glück an einer gelungenen Formulierung, einem ausgefeilten Satz hängen kann. Aber er redet nicht nur gern. Er redet eindeutig zuviel.

Käme heute eine gute Fee zu mir an den Schreibtisch geflogen und würde mir einen Wunsch erfüllen, so würde ich ihn mir stumm wünschen. Nicht immer. Gott bewahre! Natürlich nicht immer. Wenn wir fertig sind, kann er von mir aus reden, so viel er will. Aber nicht in diesen Augenblicken, diesen speziellen Momenten großer Nähe. Wenn ich seinen Atem in meinem Gesicht spüre.

In der letzten Zeit hat er sich auch noch angewöhnt, mir mittendrin Fragen zu stellen. Das ist die Krönung. Wenn er nur so vor sich hinplaudert, während ich mit geschlossenen Augen da liege und jede Bewegung seiner Finger registriere, geht es noch. Dann kann ich seine Stimme wie Musik an mir vorbeiziehen lassen. Aber wenn er mir Fragen stellt, dann muss ich antworten. Und in diesen besonderen Momenten kann ich und will ich das nicht. Und hinterher haben wir nie viel Zeit füreinander. Beide nicht.

Da ich ihn nicht aufgeben will, werde ich mit ihm reden. „Schweigen ist manchmal Gold", werde ich ihm sagen. Mehr nicht.

Wem?

Na, meinem Zahnarzt natürlich.

Der Virus
Stefan Schrahe

Ein Virus hat von mir Besitz ergriffen. Ist in langen Bürojahren durch die Sinnesorgane in mein Kleinhirn eingedrungen und hat sich durch endlose Windungen bis tief in die reflektorische Ebene meines Sprachzentrums vorgekämpft. So wie mir bei jedem Niesgeräusch eines Gegenübers automatisch das Wort „Gesundheit", bei jedem beobachteten Stolpern automatisch das Wort „Hoppla" und „Entschuldigung" bei jedem unbeabsichtigten Rempler über die Lippen kommt, so wie ich die Augen bei jedem Blitzlicht zusammenkneife, herzhaft gähne, sobald ich jemand Gleiches tun sehe – ebenso selbstverständlich höre ich mich selbst –, bei jeder Begegnung mit Kollegen, egal ob auf dem Gang, im Büro oder auf dem Weg zur Kantine, zwischen elf und drei Uhr laut und deutlich „Mahlzeit!" sagen.

Was ist nur aus mir geworden? Ich fand „Mahlzeit!" immer proletig, zu Hause haben wir nie „Mahlzeit!" gesagt, sondern „Guten Appetit", und das auch nur, wenn das Essen schon auf dem Tisch stand und als Aufforderung, gleichzeitig damit anzufangen. Ein sinnvolles Ritual, das die Gemeinsamkeit des Mittagessens oder Abendbrots – und dessen zivilisatorische Bedeutung – hervorhob.

„Mahlzeit!" hatte für mich mit Pausentischen zu tun. Mit Blaumännern, die Butterbrote aus bunten Plastikdosen essen; die aus großen, mit Sternzeichen oder mit ihrem Vornamen verzierten Pötten Kaffee trinken, der von einer seit Jahrhunderten nicht entkalkten und in wilder Verzweiflung laut vor sich hin gurgelnden Maschine produziert wird; die „West", „HB" oder „Marlboro" rauchen und dabei andächtig die Bild-Zeitung lesen. Da war „Mahlzeit" zu Hause.

Aber längst ist der Erreger übergesprungen, treibt jetzt auch in Büros sein Unwesen. Keiner, der mit ihm in Berührung kam, kann sich auf Dauer davor schützen. Nicht nur beim Essen. „Mahlzeit!" wird überall und zu jeder Gelegenheit gesagt. Bei Besprechungen oder Telefonaten. „Mahlzeit!" ist ein Zeitbegriff geworden, löst um elf Uhr „Guten Morgen" ab und wird selbst erst gegen drei wieder vom „Schönen Feierabend" in denselben geschickt. Letzte Woche bin ich sogar auf dem Klo mit „Mahlzeit!" begrüßt worden.

Ich habe mit alten Freunden darüber gesprochen. Nein, hörte ich sie sagen, wir sagen nie „Mahlzeit!". Aber die leben in den letzten noch nicht infizierten Refugien dieser Welt – in Universitäten oder Lehrerkollegien. Und „Mahlzeit" ist nicht das einzige, das davor Halt macht.

Ich habe es versucht. Mir den Vorsatz genommen, „Mahlzeit!" aus meinem Wortschatz zu streichen. Mein Abwehrsystem zu stärken und immun zu werden. Aber dann stand ich vor der weiß gekleideten Küchenfrau in ihren Gummistiefeln, die mir mit einem Riesenlöffel Putenschnitzel, Paprikagemüse und Zwiebelreis auf den Teller klatschte, sagte „Guten Tag", erntete einen verwunderten Blick und bekam „Mahlzeit!" als Antwort. Das gleiche bei der türkischen Frau an der Kasse, von der ich überzeugt bin, dass „Mahlzeit!" wenn nicht das einzige, dann zumindest das erste deutsche Wort war, das sie gelernt hatte. Dann ging ich zu den Kollegen, die bereits an unserem Stammtisch saßen. „Guten Appetit", versuchte ich – so normal wie möglich – zu sagen, erntete wieder ein mehrstimmiges „Mahlzeit!" und hatte von dem Moment an das Gefühl, nicht mehr dazuzugehören.

Wahrscheinlich stehen wir erst am Anfang; die Epidemie ist zwar im Ansatz erkennbar, nicht aber in ihrem Ausmaß. Wenn jedoch der Nachrichtensprecher aus dem Kofferradio, statt zwischen elf und drei die Uhrzeit anzusagen, seine Meldungen zur vollen Stunde mit „Mahlzeit!" beginnt – eine Uhr hat heute ja sowieso jeder – und dabei fünfzehn Blaumänner um den Pausentisch versammelt unbeirrt ihre Blicke nicht von dem nackten Titelmädchen, den Sportseiten oder den neuesten Promi-Skandalen wenden, dabei mit ihren gleichmäßigen Kaubewegungen fortfahren und im sonoren Gleichklang aus fünfzehn Kehlen „Mahlzeit!" widerhallt – dann hat der Virus vollständig von uns Besitz ergriffen.

Ich fürchte, es wird nicht mehr lange dauern.

Wer schreiben kann, der kann auch lesen
Petra Urban

Angeblich habe ich an Marias Geburtstag zugesagt. Beim Abschied draußen vor der Tür. Ich kann mich nicht erinnern. Ich weiß, dass wir viel gelacht haben an diesem Abend. Und dass ich drei Stücke Käsekuchen in der Hand hielt. Bei Maria geht man nie mit leeren Händen nach Hause. Irgendetwas findet sie immer noch, was sie einem dann einpacken und mitgeben kann.

Ich erinnere mich vor allem an den Sternenhimmel an diesem Abend, und dass ich bei seinem Anblick Immanuel Kant zitiert habe. Seinen berühmten Satz vom gestirnten Himmel über mir und dem moralischen Gesetz in mir. Kurze Zeit später soll ich es dann gesagt haben. Laut und deutlich. Bestimmt bezog sich mein Ja auf meine philosophischen Gedanken zum Sternenhimmel. Oder darauf, dass plötzlich jemand meinen Käsekuchen gegen Schinkenschnittchen eintauschen wollte. Wo ich Marias Schinkenschnittchen doch so liebe...

Kurz und gut, dass mein Ja Schall und Rauch sein sollte, wo ich doch gerade noch vom moralischen Gesetz in mir geredet hatte, konnte ich unmöglich auf mir sitzen lassen. Also versprach ich mitzugehen. Schließlich war die Zeit sowieso längst reif für diese Erfahrung. Reif wie die Trauben an den Rebstöcken.

Die viele frische Luft wird dir gut tun, begrüßt mich Maria am nächsten Morgen und macht ein Gesicht, als würden Schriftsteller permanent unter Sauerstoffmangel leiden. Ich weise kommentarlos auf meine bequeme Kleidung und mein festes Schuhwerk und spreche dummerweise von „Weinfeldern".

Der Aufschrei der bis dahin fröhlich schwätzenden Lese-Gesellschaft gleicht Sirenengeheul. Erst im Wingert ist mein sprachlicher Ausrutscher vergessen. Oder verdunstet. Denn es ist heiß hier wie in einem Backofen.

„Das wird noch doller!", prophezeit Maria und verteilt Eimer und Scheren, mit Händen, braun und rissig wie der Boden, der bei jedem unserer Schritte staubt.

Während sie über Schneidetechnik redet, hinter mir der passende Lichtschutzfaktor diskutiert wird, und der mit dem Fotoapparat uns immer wieder auffordert, endlich mal in seine Richtung zu gucken, fange ich einfach an. Wer schreiben kann, der kann auch lesen, sage ich mir, nicke dem stummen Weinstock höflich zu und knipse wortlos meine erste Traube in den Eimer. Dass ich Tag für Tag nach dem richtigen Wort suche, gelernt habe zuzupacken, wenn es denn endlich da ist, und schon seit Kindertagen leidenschaftlich gern sammle, kommt mir jetzt zugute. Bereits nach kurzer Zeit ist mein Eimer voll. Allgemeines Raunen zwischen den Reben, als ich ihn zum Traktor trage. Es dauert nicht lang und ich darf mit zwei Eimern arbeiten. Eine Art Auszeichnung. Ach ja, und mit einem Verband am linken Zeigefinger. Man darf nur schneiden, wenn man auch hinguckt, erklärt mir der mit dem Fotoapparat. Ich zucke gelangweilt mit den Schultern. Weiß ich bereits, muss man mir nicht sagen. Und schon gar nicht der, der so langsam knipst wie er schneidet.

Die Sonne lässt nicht locker, dafür die Gespräche verebben, alles Lachen versickert. Solcherart ausgetrocknete Stille wirft einen auf sich selbst zurück. Mittlerweile schmerzt nicht nur mein Finger, sondern auch mein Rükken. Außerdem beneide ich den Kerl mit der Kamera.

Zum einen hat er sich einen Klapphocker mitgebracht, zum anderen legt er die Schere andauernd aus der Hand, weil er ja auch uns noch knipsen muss. Angeber. Ich hätte auch den Künstler raushängen lassen können. Hätte nur Papier und Kugelschreiber mitzubringen brauchen, oder besser noch mein Laptop, um mich dann in den Schatten der Reben zu setzen und vor aller Augen auf Inspiration zu warten.

Damit mein Hirn nicht eintrocknet, versuche ich an große Literatur zu denken, an Geschichten, die erheitern und im Kühlen spielen. Aber mir fällt nur Sisyphos ein, dieser auf ewig Bestrafte, der unermüdlich seinen Stein rollen muss. Theoretisch hätte man ihn auch in einen Weinberg verdammen und zeitlos Trauben abknipsen lassen können. Überhaupt hätte man viel mehr wichtige Szenen der Literatur hierher verlagern sollen, kommt mir in den Sinn. Hamlet beispielsweise hätte inmitten von Reben sein berühmtes „Sein oder Nichtsein" ausrufen können. Und Faust wäre hier auf Mephisto getroffen. Der Teufel nicht als Pudel, vielmehr in Gestalt einer Weinbergschnecke.

Während ich mir auf die Frage: „Was willst du mit dem Dolche, sprich?" im Geiste die Antwort gebe: „Trauben lesen, verstehst du mich?" – ist es endlich vorbei.

Reihenweise erlöstes Aufatmen. Obwohl ich zum Vegetarischen neige, greife ich bei den saftigroten Fleischwurstringen, die Maria uns Zuhause serviert, beherzt zu. Ich weiß nicht, wann ich das letzte Mal solch tierischen Hunger verspürt habe. Auch trinke ich soviel Wasser, wie ich ansonsten nur zum Baden benötige.

Während des gemeinsamen Mahls kehrt die fröhliche Rede und das Lachen zurück. Man reckt und räkelt sich, scherzt über müde Knochen und applaudiert, als Maria den Wein vom Vorjahr auf den Tisch stellt. Ehrfurchtsvoll nippe ich am Glas. So kleine, genießerische Schlucke habe ich noch nie gemacht.

Beim Abschied auf der Treppe betrachte ich den Traubenberg, den wir gelesen haben, und muss an Thomas Mann denken, dessen „Zauberberg" ich ebenfalls gelesen habe.

Während Maria mir zwei Stück Trockenkuchen in die Hand drückt, der bei ihr wirklich alles andere als trokken ist, zitiere ich Hofrat Behrens. Angeblich habe ich kurze Zeit später zugesagt. Ich kann mich beim besten Willen nicht erinnern. Aber alle haben es gehört. Und der Fotograf hat mein Ja sogar im Bild festgehalten. In Gedanken vergrabe ich seine Kamera im Wingert. Dann nicke ich kraftlos. Das Letzte, was ich aufnehme, als ich den Hof verlasse:

„Morgen kommt der Rote dran..."

Handymania
Stefan Schrahe

Ich habe Kurt bei einem Schulfest meiner Tochter kennen gelernt. Während die meisten Väter sich fachmännisch um das Feuer bemühten, saßen wir mit unseren Frauen etwas abseits. Meine Frau kannte Kurts Lebensgefährtin vom Power-Walking. Sie und Kurt waren gerade erst zusammengezogen.

Plötzlich ertönte von irgendwoher ein elektronisches Piepsen. Eine angedeutete Melodie mit nicht mehr als drei oder vier unterschiedlichen Tönen. Sofort sprang Kurt von dem Baumstamm hoch, auf dem er gesessen hatte, drehte sich um die eigene Achse, hüpfte über den Stamm und hechtete in drei, vier langen Sätzen auf seine Lederjacke zu, die er an einem Ast aufgehängt hatte. Zielsicher griff er in die Innentasche, holte sein Handy heraus und drückte auf einen Knopf, um den Anruf entgegenzunehmen.

„Was dringendes?", fragte ich seine Freundin.

„Nein, sein Handy schaltet nur immer schon nach dreimal Klingeln auf die Mailbox um", antwortete sie.

„Kann man das nicht einstellen?", fragte ich.

„Man schon – aber er nicht!"

Der Blick und die Art, wie sie das sagte, verrieten, dass das noch junge Glück der beiden einer solchen Belastungsprobe auf Dauer nicht gewachsen sein würde. Deswegen nahm ich Kurt später beiseite und sprach ihn auf sein Problem an. Nur wenige Tage zuvor war ich nämlich selbst daran gescheitert, eine Rufumleitung auf meinen Festnetzanschluss zu legen, hatte diesen Vorfall jedoch glücklicherweise für mich behalten können. Immerhin konnte ich dadurch aber nachvollziehen, wie es ist, als Mann in solchen Situationen zu versagen und mir auch vorstellen, um wie viel schlimmer es sein muss, wenn dies permanent und vor den Augen anderer, insbesondere der Partnerin, passiert.

Direkt helfen konnte ich ihm aber nicht. Er besaß ein Handy einer anderen Marke, dessen Menüführung ich nicht verstand, aber ich hatte den Eindruck, dass es ihm gut tat, offen reden zu können und zu wissen, dass er mit seinem Problem nicht alleine dastand.

Etwa zwei Jahre später musste ich wieder an Kurt denken. Ich fuhr meine Tochter zur Schule. Sie saß auf dem Beifahrersitz, damit beschäftigt, einige wichtige Nachrichten per SMS loszuwerden. Plötzlich klingelte mein neues Handy. Während der paar Sekunden, die das Gespräch dauerte, hatte meine Tochter keinen Blick von ihrer Tastatur gelassen, aber als ich mein Handy weggelegt hatte, sagte sie ganz beiläufig:

„Du hast ja immer noch den alten Klingelton."

Ich fühlte mich ertappt, von einer auf die andere Sekunde demaskiert, unglaublich altmodisch, den zentralen Lebensanforderungen offenbar nicht gewachsen. Ich musste mir eingestehen, dass ich absolut keine Ahnung hatte, wie ich den Klingelton hätte wechseln sollen, ja sogar noch nicht mal eine einzige Sekunde lang daran gedacht hatte. So murmelte ich irgendwas von „ist ja noch neu" oder „muss mir das mal angucken" und beschloss, abends Kurt anzurufen.

Nach dreimaligem Klingeln meldete sich zwar die Mailbox, aber ich versuchte es direkt noch mal. Tatsächlich nahm er den zweiten Anruf direkt – wenn auch etwas außer Atem – entgegen. Ob wir uns mal treffen könnten, fragte ich ihn. Es ginge um Handys. Wir verabredeten uns in einem Bistro, das abends immer relativ leer ist.

Zu unserem ersten Treffen brachte Kurt noch einen Freund mit, der nicht wusste, wie die Notizbuch-Funktion an seinem Handy aktiviert werden konnte. Kurt selbst hatte neben seiner unbewältigten Klingel-Geschichte das Problem, keine SMS mehr empfangen zu können. Wie sich herausstellte, war schon seit Monaten sein Speicher voll, er hatte nur keine Ahnung, wie man den löscht. Der Abend verlief sehr erfolgreich. Wir lösten alle drei gemeinsam unsere dringendsten Probleme und beschlossen, uns in regelmäßigen Abständen wieder zu treffen.

Seitdem ist viel passiert. Nach einem Jahr haben wir die Treffen unserer Selbsthilfegruppe in ein Internet-Cafe verlagert. Nachdem wir die Grundfunktionen unserer Mobiltelefone verstanden hatten, fühlten wir uns stark genug, jetzt auch neben der Pflicht das Kür-Programm anzugehen.

Zuerst wagten wir uns an Klingeltöne. Wir lernten, Geräusche, Melodien oder Sprache aufzunehmen oder aus dem Internet downzuloaden, als Klingelton zu speichern und einzelnen Anrufern zuzuordnen. Ich werde nie Kurts glückliches Gesicht vergessen, als er „Hells Bells" von AC/DC als Standardklingelton auf seinem Handy eingespeichert hatte, aber das Brüllen eines Grizzlybären ertönte, wenn seine Mutter anrief.

Um uns auf dem neuesten Stand zu halten, wurde es bald nötig, unsere Treffen in immer kürzeren Abständen auszurichten. Inzwischen sehen wir uns zweimal die Woche. Am meisten beschäftigen wir uns mit Upgrades. An meinem Gerät habe ich kürzlich die GPRS Class 8 Unterstützung mit 57,6 kBit/sec, auch via Infrarot (IrDA), die EMS Unterstützung mit bis zu 760 Zeichen, Bildern und Sounds, Kung Fu by Battlemail™ und MS Outlook™ Daten-Synchronisation via Infrarot (IrDA) installiert. Ich weiß zwar noch nicht, wofür das alles gut ist – darüber wollen wir dann das nächste Mal sprechen –, aber immerhin konnte man mit dem Handy nach der Installation noch telefonieren.

Meine Tochter hat mich neulich zum ersten Mal gefragt, ob ich ihr Handy mal für einen Upgrade mitnehmen kann. Da wusste ich, dass ich es geschafft hatte. Kurt und seine Freundin sind inzwischen wieder getrennt. Sie hat sich geweigert, auf ein MMS-fähiges Handy umzusteigen. Eigentlich schade, er hätte ihr so gerne von seinem neuen Nokia mit integrierter Digitalkamera öfter mal Schnappschüsse von unterwegs zugeschickt.

Ist aber nicht so schlimm. Er hat jetzt eine Frau kennen gelernt, die schon ein Handy der ganz neuen Generation hat mit Klingeltönen im Dolby Surround 5.1 Format und der Möglichkeit, sich ganze Kinofilme downzuloaden. Letztens, hat er gesagt, hätten sie sich „9 1/2 Wochen" in voller Länge auf dem Handy-Display angesehen.

Vor vier Jahren wäre das undenkbar gewesen.

Das Lachen der Versuchung
Petra Urban

Seit heute ahne ich, wie Gregor Samsa sich gefühlt haben muss. Sie erinnern sich, dieser bedauernswerte Prokurist aus der Feder des Franz Kafka, der eines Morgens als Käfer erwacht. Wie er spüre auch ich heute Morgen ein Gefühl extremer Unpässlichkeit, die Gewissheit sozusagen, für den Alltag nicht zu taugen.

Sicherlich hängt das mit meinem nächtlichen Vorsatz zusammen. Ich habe mir kurz vor dem Einschlafen geschworen, als Nichtraucher wieder aufzuwachen.

Nun bin ich aufgewacht. Und kaum habe ich die Augen geöffnet, weiß ich eines ganz gewiss: Ich kann heute unmöglich aufstehen, mich anziehen und so tun, als wäre alles wie immer. Nichts ist wie immer. Ich bin Nichtraucher. Und deshalb nicht mehr allein. In der Küche wartet sie bereits auf mich. Sitzt am Frühstückstisch und spielt mit meinem silbernen Feuerzeug. Erwartungsvoll lächelnd. Wer? Na, die Versuchung.

Odysseus wusste schon, warum er sich festbinden ließ.

Mit Schrecken denke ich an meinen letzten Vorsatz. Eierdiät lautete der Schwur vor dem Einschlafen. Neun hartgekochte Eier über den Tag verteilt, sonst nichts. Anita war mit von der Partie. Kurz nach dem Frühstück habe ich sie angerufen. Da Scham nur eine Hand voll Worte gebietet, habe ich ihr in aller Knappheit mitgeteilt, die Eier verspeist und die Diät beendet zu haben.

Noch heute höre ich sie lachen. Die Versuchung.

Aber dieses Mal werde ich sie deprimieren. Ihr mit Konsequenz die gute Laune vertreiben.

Entschlossen gehe ich an ihr vorbei und koche mir eine

Tasse Kaffee. Und dann hole ich die Zeitung aus dem Briefkasten. Denn zum Kaffee gehört die Zeitung.

„Und zur Zeitung", flüstert die Versuchung, „gehört die Zigarette."

Ich ignoriere ihre Stimme und erlaube mir stattdessen ein Brötchen mehr. Was natürlich auf Dauer keine Lösung ist, das weiß ich selber. Dazu brauche ich ihr amüsiertes Lächeln nicht. Über den Tag verteilt hieße das circa fünfundzwanzig Brötchen zusätzlich. Das ist eindeutig zu viel.

Zum Glück kann ich mir meine Zeit als Freischaffende selber einteilen. Deshalb steht nach dem Frühstück ein Waldspaziergang auf dem Programm. Im Wald kommen mir immer die besten Ideen. Und die brauche ich für mein neues Leben ohne Nikotin.

Da ich viel von symbolischen Gesten halte, werfe ich auf der Fahrt dorthin an einer Wegbiegung meine letzten Zigaretten zum Fenster hinaus. Und das silberne Feuerzeug gleich hinterher.

Schon fühle ich mich bedeutend freier als zuvor, kann endlich wieder durchatmen. Ja! Ich rieche sogar das Kornfeld am Rand der Straße. Sein süßliches Aroma umgibt mich.

Und ihr Lachen. Ja, sie lacht schon wieder. Glockenhell.

Also gut! Ich muss mich korrigieren. Der Mensch irrt, solang er strebt, ist es nicht so? Nicht das Korn duftet, es sind die Gummibärchen, die Anita gestern auf dem Beifahrersitz liegen gelassen hat. Sie zu riechen ist auch eine glückliche Fügung. Erstaunlicherweise quält mich seit dem Frühstück ein Heißhunger auf Süßigkeiten. Also stecke ich gleich mal eine Hand voll dieser bunten Kerle in den Mund, laufe kauend durch den Wald und genieße es, endlich Nichtraucher zu sein. Die Versuchung verschluckt sich fast vor Lachen.

Auf dem Rückweg halte ich kurz an. Mir ist eingefallen, dass das silberne Feuerzeug ein Geschenk von Jan ist. Und ich fürchte, er könnte meine symbolische Geste falsch verstehen. Es dauert eine Weile, aber dann finde ich es doch. Die Packung Zigaretten liegt gar nicht weit entfernt.

Die Eierdiät habe ich damals übrigens ein zweites Mal beschlossen. Allerdings ohne Anita. In jener Nacht ist mir das Missgeschick mit der Mülltonne passiert. Ich hatte feierlich eine Schachtel Weinbrandbohnen in ihrer dunklen Tiefe beerdigt und dabei den Eier-Schwur getan. Kurz nach Mitternacht ließ die Wirkung des Schwurs auf beängstigende Weise nach.

Ich saß noch am Schreibtisch, auf der Suche nach guten Formulierungen. Kurze Zeit später hing ich bis zum Bauchnabel in der Mülltonne, auf der Suche nach Weinbrandbohnen. Ausgerechnet in diesem Moment kommt mein Vermieter mit seiner neuen Freundin nach Hause und fragt höflich, was ich tue. Während er spricht, starrt er auf Jans große Taschenlampe in meiner Hand.

Da ich in keiner Situation ein literarisches Wort verachte, mir zudem kein plausibler Grund für mein Tun einfällt, erkläre ich mich kurzerhand auf der Suche nach der verlorenen Zeit.

Der Mann findet das nicht komisch. Seine Freundin auch nicht.

Nur die Versuchung versteht meinen Spaß. Lehnt an der Mülltonne und lacht mit weit aufgerissenem Mund. Schüttelt sich förmlich vor Lachen.

Genau wie jetzt auch. Bloß weil ich die Packung Zigaretten aufhebe. Im Grunde genommen ist es zu schade, sie wegzuwerfen. Zigaretten kosten schließlich eine Menge Geld. Besser wäre es, sie zu verschenken. Oder irgendwo hinzulegen, wo Raucher beisammen sind, die nicht soviel Geld haben. Bedürftige Raucher sozusagen.

Die Versuchung gibt mir Recht. Sie ist plötzlich wie umgewandelt. Lehnt sich zu mir hinüber, nickt und reicht mir sogar Feuer.

Und dann lacht sie wieder. Schallend. Den Mund wie ein Scheunentor aufgerissen. Aber das Lachen wird ihr gleich vergehen. Denn ich werde sie jetzt mit meinen ganz eigenen Waffen schlagen, ihre gute Laune mit feuriger Rhetorik besiegen. Meine Art der Verführung.

„Diese Packung ist endgültig meine letzte", sage ich betont selbstsicher und dann spule ich das ganze Repertoire meiner wohlüberlegten Begründungen ab. Atemberaubende Argumente, denen es nichts, aber auch gar nichts entgegenzusetzen gibt.

Obwohl ich gut in Fahrt bin, verglimmt meine Rede wie die Glut im Aschenbecher.

Denn niemand hört mir zu. Ich bin allein im Auto. Die Versuchung ist verschwunden. Hat sich verflüchtigt wie blauer Dunst.

Und doch, meine ich, sie ganz in der Nähe lachen zu hören.

Entschuldigung, ist das bei Ihnen?

Alles frisch
Stefan Schrahe

Auf den Kampf des Single-Daseins gegen die Stille einer leeren Wohnung, die Einsamkeit langer Nächte in einem viel zu großen Bett und Wochenenden, an denen man schon samstagmorgens wünschte, sie mögen endlich vorbei sein, hatte ich mich eingestellt. Aber nicht darauf, dass der wahre Kampf des Single-Daseins ein ganz anderer sein würde: Der Kampf gegen das Haltbarkeitsdatum.

Zielsicher hatte ich mich in der ersten Woche bei meinem Lieblings-Discounter mit dem Nötigsten eingedeckt. Frischkäse, Leberwurst und die Packung mit den verschiedenen Käsesorten. Brot ganz frisch vom Bäcker, 750 Gramm. Es ist unglaublich, wie lange so ein Brot hält, wenn man alleine frühstückt und zu Abend isst. Der einstmals weiche, duftende Laib verwandelt sich binnen weniger Tage in einen unansehnlichen alten Kanten, der an den Rändern eintrocknet und dessen Kruste beim Schneiden in Tausende kleiner Krümel zerspringt, die sich überall auf Tisch und Fußboden verteilen. Noch frisch waren mir die Zeiten in Erinnerung, wo ein solches Brot bei einem einzigen Abendessen verzehrt wurde – stattdessen musste ich jetzt nach fünf Tagen einen noch gut zehn Zentimeter dicken Rest der Biotonne übergeben.

Aber auch der Frischkäse zeigte sich nur bedingt single-tauglich. Nicht mal halb aufgebraucht, entdeckte ich an den Rändern des kleinen Papp-Fässchens kleine, bläuliche Schimmelteppiche. Der Frischkäse folgte umgehend dem Brot auf dem Weg ins Lebensmittel-Nirvana und ich erkannte, dass ich etwas ändern musste.

Als erstes meine Einkaufsstrategie. Geschmack und Vorlieben wurden sekundär, primäres Kaufkriterium wurde das Haltbarkeitsdatum. Erleichtert registrierte ich, dass es Joghurts gab, die noch eine Woche Restzeit hatten, gekühlte Lasagne, die mir über zwei Wochen Spielraum für den Verzehr geben würde und abgepackte Wurst, deren zwanzig Scheiben sich erst in vier Wochen der Verderblichkeit nähern würden. Beim Anblick von H-Milch mit einer Haltedauer von mehreren Monaten beschlich mich eine Ahnung von Freiheit.

Ich würde nur noch Lebensmittel einkaufen, die sich irgendwann nach Lust und Laune öffnen, aufbacken, auftauen und dann verzehren ließen. Schließlich müsste unsere Lebensmittelindustrie ja inzwischen perfekt auf den Bedarf von Singlehaushalten eingestellt sein. Dachte ich.

Aber ich hatte mich geirrt. Haltbarkeitsdaten gelten nur für ungeöffnete Lebensmittel. Kaum ist die Packung geöffnet, schreitet der Verfall ungebremst voran. Da werden zwanzig Scheiben Salami im Kühlschrank zur ultimativen Herausforderung – bei den letzten zeigen sich meist schon deutliche Fettaugen, die Scheiben liegen auch nicht mehr flach in der Hülle, sondern wölben sich an den Rändern und beulen die Klarsichtverpackung aus.

Frische Wurst kaufe ich nicht. Ich stelle mich nicht zwischen lauter großeinkaufende Hausfrauen an die Wursttheke, verlange 25 Gramm Leberwurst oder drei Scheiben Salami und dokumentiere damit den unbefriedigenden Zustand meines Beziehungs- und Familienlebens. Eine Metzgerei ist schließlich keine Ü40-Party.

Wenn ich an einem Montag die Folienverpackung einer Leberwurst öffne, dienstags auswärts speise und mittwochs wieder von der Leberwurst naschen will, sehe ich den Anschnitt bereits verdunkelt und vertrocknet. Wenn ich donnerstags die Leberwurst an die Nase führe, kann ich schon nicht mehr mit letzter Sicherheit sagen, ob mir da ein besonders intensiver Leberwurstgeruch oder der Geruch siechen Fleisches entgegensteigt. Wegen der Öffnung vor drei Tagen hat das Haltbarkeitsdatum jede Aussagekraft verloren und mir bleibt nichts übrig, als mich widerwillig durch die dunklen, trockenen Krusten zu der rosa, weichen Fleischmasse durchzukämpfen – in der Hoffnung, krankheitsbringende Keime haben diesen Weg nicht schon vor mir genommen.

Einen Liter Apfelsaft soll man nach dem Öffnen innerhalb eines Tages verbrauchen – das steht auf jeder Packung. In den wenigen Stunden des Tages, die ich zu Hause verbringe, bedeutet das eine nahezu permanente Penetration mit Apfelsaft. Mindestens einen halben Liter schütte ich daher jedes Mal in den Ausguss – und frage mich, ob dieses glitschig-grünliche Zeug, das als letztes aus dem Tetra-Pack rutscht, schon drin war, als ich das letzte Mal von dem Saft getrunken habe. 1,5- oder sogar 2-Liter-Packungen empfinde ich als gezielte Provokation. Sogar H-Milch kann schlecht werden, wenn man sie einmal geöffnet hat. Ich habe das selbst ausprobiert. Und für zweihundertfünfzig Gramm Butter brauche ich mindestens drei Wochen – die beiden letzteren mit unappetitlicher Gelbfärbung, die an den Rändern leicht ins Durchsichtige changiert.

Ich musste mein Sozialleben komplett umstellen. Wenn ich Wurst oder Käse im Anbruch hatte, schlug ich Einladungen oder Verabredungen aus. Der Gedanke an den fortschreitenden Verfall in meinem Kühlschrank ließ mich kein Gespräch, keinen Flirt, keine Pasta und keinen Rotwein mehr genießen. Kein Wunder, dass Singles vereinsamen: Ich saß so manchen Abend allein an meinem Tisch, vor mir noch fünfzig Gramm Putenbrust, deren Haltbarkeitsdatum am nächsten Tag ablaufen würde, 200 Milliliter Milch, die schon am Morgen komisch geschmeckt hatte und Heringsalat, der zwar noch eine Woche haltbar, aber – so stand es jedenfalls auf der Liste, die ich mir an den Kühlschrank geheftet hatte – schon seit drei Tagen geöffnet war.

Bis ich Claudia traf. Wir mochten uns gleich von Beginn an, doch meine ständigen Absagen ließen sie an meinem Interesse zweifeln. Wie hätte ich auch einen Abend mit ihr verbringen oder gar spontan ein Wochenende wegfahren sollen, wenn ich bei der Rückkehr gleich den Weg zur Abfalltonne hätte antreten müssen? Irgendwann habe ich ihr das gebeichtet. Und ihr ist – wie Frauen eben sind – auch gleich eine Lösung eingefallen. Eine Kühltasche mit leistungsfähigem Akku hat sie mir geschenkt. Ich wette, in ein paar Jahren ist das für jeden Single so selbstverständlich wie ein Handy.

Wenn ich heute zu ihr fahre, habe ich meine Wurst immer dabei. Mein mobiler Käse bereichert auch ihren Speiseplan und die Erfindung verschließbarer und damit transportabler Milch- und Saftverpackungen lässt die Schreckgespenster verquarkter Milch im Ausguss und vergorenen Apfelsafts endgültig verschwinden.

Freiheit ist ein Leben ohne Blick aufs Haltbarkeitsdatum.

Das Verhältnis
Petra Urban

Ich gestehe es. Ich habe ein Verhältnis. Ja, ich scheue mich nicht, sprachlich noch eine Nuance weiterzugehen. Ich habe nicht nur ein Verhältnis, ich liebe ihn. So wie keinen seiner Vorgänger. Natürlich gab es Vorgänger. Auch wenn ich eigentlich zur Treue neige. Aber da waren zwei vor ihm. Oder waren es drei? Ich versuche mich zu erinnern. Es gelingt nicht. Kein Wunder! Ohne ihn gelingt mir überhaupt nichts. Vielleicht eine Paella in der Küche oder ein Foxtrott auf dem Parkett... - aber kein anständiger Gedanke. Ich brauche seine Nähe, um mich konzentrieren zu können. Seine Aura, wie man heute so sagt. Seinen Duft. Ja, er duftet tatsächlich. Wenn er schwitzt, weil die Sonne mal wieder so prall und heiß durchs Fenster schaut. Meistens schwitzen wir dann zusammen. Gerade jetzt im Sommer passiert das häufig. Manchmal kleben wir regelrecht aneinander. Wahrscheinlich, weil ich so draufgängerisch bin. Ich hole dann ein Handtuch, um uns trockenzutupfen. Ob er es mag, weiß ich nicht. Er äußert sich nicht. Manchmal bedaure ich das. Gerade in solchen Momenten. Aber nun gut.

Mit seinen Vorgängern habe ich nie geschwitzt. Vielleicht lag es daran, dass die Wohnungen schattiger waren. Ich weiß es nicht. Vielleicht lag es auch daran, dass der Erste aus bestem Hause stammte. Meine Eltern hatten ihn ausgesucht. Natürlich gut gemeint. Mir hat er von Anfang an nicht gefallen. Er war mir zu glatt, zu makellos, zu perfekt. Nichts ist langweiliger als das Vollkommene. Hautnah habe ich das gespürt. Aber ich will nicht schlecht über ihn reden. Das wäre nicht fair.

Schließlich haben auch wir eine intensive Zeit miteinander verlebt und eines war er bestimmt: immer für mich da.

Das Besondere im Leben muss man sich einfach selbst aussuchen, das ist mir damals klar geworden.

Deshalb war der Nachfolger auch schon bedeutend attraktiver. So eine Art Asphaltcowboy, Typ von der Straße. Er sah einfach abenteuerlich aus. Zugegeben, ganz so gepflegt wie der andere war er nicht, aber genau das machte ihn so reizvoll. Das Leben hatte Spuren bei ihm hinterlassen.

Was allerdings auch zu Problemen führte.

Denn den Ersten hatte niemand vor mir gehabt. Jungfräulich war er gekommen. Ganz sicher. Die Hüllen habe ich bei ihm fallen lassen.

Bei meinem Abenteurer war das anders. Er hatte reichlich Berührungen genossen. Jeder, der es sehen wollte, konnte es sehen. Und auf einmal störte mich das.

An einem lauwarmen Frühlingsmorgen habe ich mich von ihm getrennt. Ich erinnere mich gut. Ich war wach geworden, weil der Müllwagen auf der Straße so einen Lärm machte. Das Lebewohl ist mir nicht sonderlich schwer gefallen. "Willkommen und Abschied", habe ich ihm gesagt, weil ich dachte, ein Goethe-Wort kann in solch einem Moment nie falsch sein.

Na ja, dass ich meinen Jetzigen beim Umzug einer Freundin kennen gelernt hatte, habe ich ihm allerdings verschwiegen. Auch, dass ich ihn gleich mitgenommen habe.

Ich bereue meine Entscheidung nicht. Schließlich ist der Jetzige hundertprozentig der Richtige. So etwas spürt eine Frau wie ich.

Sein Markenzeichen ist seine faltige Lederhaut, seine kräftigen Beine und der Instinkt für das Weiche und Empfindliche im Menschen. Die perfekte Kombination aus Bescheidenheit, Demut und Kraft. Gut! Er ist nicht so flexibel wie die anderen, die waren irgendwie beweglicher. Er ist eher bodenständig. Ja! – das scheint mir das richtige Wort für ihn zu sein, bodenständig.

Es tut mir heute noch Leid, dass ich ihn in den ersten Wochen verleugnet und versteckt habe. Aber ich habe mich schlichtweg geschämt, wegen seines Alters. Er ist in der Tat einige Jahre älter als ich. So eine Art Mynheer Peeperkorn.

Die Blicke meiner Freunde, als sie uns das erste Mal zusammen erlebten, bemerkte ich sofort. So etwas sind sie nicht gewohnt von mir, so etwas Altes, Gediegenes.

Mir ist ihre Meinung mittlerweile egal. Sollen sie doch denken, was sie wollen. Hauptsache er ist da.

Hatte ich übrigens schon erwähnt, dass ich von meinem Schreibtischstuhl spreche?

ISO 9000
Stefan Schrahe

Es begann damit, dass am Sonntagmorgen keine Butter mehr im Kühlschrank war. Die Brötchen lagen zwar vor der Tür und Honig war auch da, aber Honigbrötchen ohne Butter schmecken nicht. Meine Frau isst keine Butter. Sie frühstückt lieber Naturjoghurt. Naturjoghurt ist immer da.

Ich hätte diesen Vorfall wahrscheinlich im Laufe der Woche vergessen, wenn ich nicht zufällig am nächsten Tag in einem Vortrag über Qualitätsmanagement das Wort „Lagerausbuchung" vernommen hätte. Plötzlich machte es „Klick" und ich musste wieder an die Butter denken.

Das war die Lösung. Um Situationen wie die am Vortag zu vermeiden, half nur die Einführung eines Qualitätsmanagementsystems in unserem Haushalt. Mit klaren Prozessabläufen und messbaren Erfolgskontrollen. Ein perfektes System, in dem fehlende Butter, einzelne Socken oder wochenlang in der Wäsche verschwundene Lieblings-T-Shirts nicht mehr vorkommen konnten. Der Gedanke versetzte mich in Hochstimmung.

Meine Frau zeigte den erwarteten Widerstand. Meist sperren sich ja diejenigen gegen Neuerungen, die später am meisten davon profitieren. Mein nachdrückliches Beharren auf der Einführung gewisser überprüfbarer Qualitätsstandards ließen ihren Widerstand jedoch erlahmen und sie darin einwilligen, meinen Vorschlag in die Tat umzusetzen. Die schwerste Hürde war damit genommen. Nun galt es, Funktionsbereiche unseres Haushalts zu identifizieren und Prozesse festzulegen. Um es vorwegzunehmen: die fehlende Butter war nicht etwa ein Beschaffungsproblem, sondern Konsequenz nicht vorhandener Lagerprozesse. Es hatte an einer Lagerausbuchungsliste gefehlt, die beim Anbrechen des letzten Päckchens Butter automatisch eine Information ausgelöst hätte, Butter zu beschaffen.

Jeder Bereich wurde jetzt mit Leben gefüllt. Wir erstellten Inventarlisten mit neunstelligen Teilenummern aller Wäschestücke. Wie bei McDonalds hängten wir in Bad und Gäste-WC eine Liste aus, die über den Zeitpunkt der letzten durchgeführten Reinigung Auskunft gab – erweitert um Art und Dauer der Benutzung, um bei eventuellen Verunreinigungen den Verursacher zu identifizieren.

Wir scheuten keine Investitionen. PCs wurden angeschafft und miteinander vernetzt, um über eine SAP-Abfrage jederzeit darüber Auskunft zu geben, ob sich etwa eine Jeans im Kleiderschrank, in der Wäsche oder bereits beim Bügeln befand. Dabei stellte sich heraus, dass die durchschnittliche Umlaufzeit für eine Unterhose siebzehn Tage betrug – und das bei täglichem Wechsel. In der Zieldokumentation legten wir fest, diesen Wert auf unter zehn Tage zu drücken.

Unser Kühlschrank wurde nach dem First-In/First-Out-System organisiert. Dadurch sollten unliebsame Überraschungen in Form von abgelaufenen Joghurts oder vergammelten Käsestücken vermieden werden. Die Haltbarkeitsdaten aller verderblichen Lebensmittel wurden zentral erfasst. Jeden Morgen konnte so ein Report im System generiert werden, aus dem hervorging, welche Lebensmittel ablaufen würden.

Auch die emotionalen Aspekte kamen nicht zu kurz.

Lob, Umarmungen und der Austausch angemessener Zärtlichkeiten wurden penibel dokumentiert. Und da ein befriedigendes Sexualleben sich nachweislich positiv auf die Grundstimmung im Haushalt auswirkt, wurden auch hier Standards festgesetzt, deren Einhaltung jederzeit auf einer im Schlafzimmer aushängenden Liste kontrolliert werden konnte.

Nach mehrmonatiger Implementierung konnte endlich der Tag der Zertifizierung kommen. Zwei TÜV-Prüfer hielten sich eineinhalb Tage in unserem Haushalt auf. Überprüften, ob unsere Bestandslisten von Schränken mit dem tatsächlichen Inhalt übereinstimmten, beobachteten meine Frau beim Bügeln, während sie die dazu angefertigte Dokumentation verglichen, kontrollierten unsere Mülltrennung und ließen sich die Entwicklung der Schulnoten unserer Kinder zeigen. Nach einem einstündigem Abschlussgespräch, bei dem einige kleinere Abweichungen – wie beispielsweise die fehlende Angabe über minimale Kalorien und Broteinheiten eines Mittagessens – beanstandet wurden, bekamen wir endlich die ersehnte Urkunde überreicht.

Die gelungene Zertifizierung als erster bundesdeutscher Haushalt nach ISO 9000 feierten wir bei einer Flasche Rotwein, Qualitätswein mit Prädikat! Nach der überstandenen Aufregung war meine Frau sichtlich erschöpft.

„Wieso hat man so was wie Qualitätsmanagement überhaupt eingeführt?", fragte sie mich, während sie sich zum dritten Mal ihr Glas füllte.

„Das habe ich dir doch schon gesagt", antworte ich. „Die Leistung einer Firma oder eines Haushalts soll eben nicht von einzelnen Personen und damit von Zufällen abhängig sein, sondern in Prozessen dokumentiert und damit abgesichert sein, damit sie jederzeit – auch bei Personalwechseln – gleich bleibend erbracht werden kann."

„Du meinst also", sagte sie, „jemand anders müsste nur die Dokumentation lesen und unser Haushalt würde trotzdem genauso weiterfunktionieren?"

„Im Prinzip ja."

„Dann probier' das doch mal aus." Sie stand auf, nahm ihre Autoschlüssel von der Wand – ohne dies in die Liste einzutragen – und verließ das Haus.

Letzte Woche ist sie mit den Kindern ausgezogen. Ich verstehe das nicht. Gerade jetzt, wo die Implementierungsphase vorbei ist und das ganze System nur noch angewandt werden muss.

Na ja, wenigstens ist jetzt immer Butter im Kühlschrank.

Spielwut oder: Die Räuber sind unter uns
Petra Urban

Da ich nicht nur das geschriebene, sondern auch das gesprochene Wort hoch schätze, gehöre ich seit einiger Zeit einer Theatergruppe an. Laien allesamt, Lebenskünstler mit Spieltrieb. Wir treffen uns im „Winzerkeller", hinten im Saal, wo wir den ersten Teil von Goethes „Faust" einstudieren.

„Ein starkes Stück", meint der Wirt, der es anfänglich mit Schillers „Räubern" verwechselt hat. Das einzige Drama, das er kennt. Noch aus Schulzeiten. Aber jetzt weiß er Bescheid. Wenn einer der Gäste fragt, wo er die vielen vollen Gläser hinbringt, dann antwortet er: „Ins Studierzimmer vom Herrn Doktor Faust, da ist die Hölle los, da müssen die Komödianten ordentlich spülen."

Ich spiele das Gretchen. Keine einfache Rolle. Schließlich muss ich Schuld und Sühne geschickt unter einen Hut bringen und aufpassen, in der Kerkerszene die Perücke nicht zu verlieren. Sie ist mir eine Nuance zu klein.

„Typischer Denkerschädel", meint Marthe, die auch im wirklichen Leben meine Nachbarin ist, dort allerdings Sabine heißt und nicht kuppelt, sondern stempelt. Sie arbeitet bei der Post.

Seit neuestem begrüßt sie mich gern mit emporgereckter Faust und dem immergleichen Spruch: „Na, heute schon Theater gehabt?"

Beim Metzger geht es mir nicht viel anders. Denn Holger, bekannt für seine gut gewürzten Majoran-Würstchen, spielt bei uns den Mephisto und er macht seine Sache wirklich teuflisch gut.

Heute ist Probentag.

„Herrgott noch einmal!", schimpft Faust, „wer unterbricht denn schon wieder!"

„Ich bin's, Euer Ehren", sagt der Wirt und stellt das Tablett ab.

Faust, ansonsten Richter in Scheidungsangelegenheiten, schwankt, als sei er einer Ohnmacht nahe. „Habt ihr's gemerkt?" Er schaut in die Runde.

Allgemeines Kopfschütteln.

„Ich war zum ersten Mal völlig eins mit meiner Rolle."

Alle trinken und schweigen fassungslos.

Ulli, unser Regisseur, Deutschlehrer am hiesigen Gymnasium, versteht ihn. „Du warst beides, Werner, ich habe es deutlich gespürt, du warst ganz alter Mann und du warst ganz armer Tor. Toll! Wirklich toll!" Seine Stimme klingt mitfühlend. „Nur im Angesicht des Todes, weißt du, Werner, da musst du mehr mit deinem Gesicht arbeiten. Dein Gesicht ist in dieser Szene dein Kapital. Es muss erstarren wie erkaltetes Fett!"

„So etwa?" Faust zieht eine Grimasse.

Der Wirt weicht erschrocken zurück.

„Warum trägt der Teufel eigentlich kurze Hosen?", fragt die Bedienung, die gerade zur Tür hereinschaut.

Alle starren die nackten Metzgerbeine an.

„Das Publikum soll Fragen mit nach Hause nehmen", erklärt der Regisseur, „keine Antworten." Und dann schreit er plötzlich.

Verstört bleibt der Wirt stehen.

„Du doch nicht! - Sie!" Er weist auf Marthe, die in der Dekoration über den Plüschpudel gestolpert ist.

Sie stammelt eine Entschuldigung.

Der Regisseur rauft sich die Haare und besteht auf Sammlung.

Alle trinken, dann geht's weiter.

Ich staune. Faust hat Feuer gefangen und bittet den Teufel gerade um ein Strumpfband von mir. Derart lüstern habe ich Werner noch nie in dieser Szene gesehen.

„Alter Amorknabe!", rufe ich und drohe ihm mit erhobenem Zeigefinger.

Der Regisseur schnaubt empört. Soviel Disziplinlosigkeit während einer Schlüsselszene hat er noch nicht erlebt. Um mich zu strafen, kündigt er „Wald und Höhle" an, Fausts Mammut-Monolog, bei dem ich mich stets langweile.

Der Angesprochene trinkt sein Glas leer und geht dann grübelnd auf und ab. Zwar redet er viel, seinen Text aber scheint er vergessen zu haben.

„Werner!", unterbricht der Regisseur und bestellt eine neue Flasche Sekt, „ich will nicht unnötig pädagogisieren, aber du solltest den Klassiker schon klassisch spielen. Außerdem machst du ein Gesicht, als hättest du dir gerade die Kuhpocken eingefangen. – Kerkerszene!", brüllt er unvermittelt.

Das bin ich. Scheinbar hat er mir verziehen.

Prüfend schaut er mich über den Rand seiner Brille an. „Du bist zu diesem Zeitpunkt nicht mehr unschuldig, Gretel, bitte vergiss das nicht. Sei gebrochen, aber bezieh die Poesie dieses unheimlich unheilschwangeren Augenblicks mit ein."

Draußen knallt ein Korken.

Ich strecke meine Hände gen Himmel, flehe, seufze und stammle. Es muss das Wort „Gretel" gewesen sein. Auf einmal nenne ich den Teufel „Hänsel", krümme mich auf meinem Zipfelchen Stroh und lache herzhaft und laut, weil mir die Perücke ins Gesicht rutscht.

„Jetzt dreht sie durch!", sagt Marthe.

Der Regisseur macht ihr ein Zeichen zu schweigen.

Plötzlich bin ich wieder eingetaucht in meine Rolle. Eingetaucht wie nie zuvor. Ich spiele nicht mehr das Gretchen. Ich bin das Gretchen. Ich leide und stöhne erbärmlich. Und im Augenblick meiner größten Verzweiflung reiße ich mir die Zöpfe vom Kopf und werfe mich zu Boden.

Alle starren auf mich herab. Auch der Wirt, der mit der neuen Flasche Sekt hereingekommen ist.

„Das hast du jetzt davon, Werner!", brüllt er plötzlich den Richter an. „Aber du konntest sie ja nicht in Ruhe lassen, meinst du, ich habe nicht gehört, wie du ihr nachgestellt hast? Und wie du sie umgarnt hast, mit deinem scheinheiligen, abgeschmackten Gesülze von Liebe? Du Rüpel. Du Unmensch! Pfui über dich! - Kein Wunder, dass es ihr vor dir graut. Ich will dich hier auch nicht mehr sehen! Für mich bist du ebenfalls gestorben. Verbrecher, du! Mörder!"

Ich springe auf und versuche ihn zu beruhigen.

Aber er hört mich nicht, fuchtelt wild mit den Armen in der Luft herum und pöbelt jetzt auch den Metzger an. „Von dir, Holger, hätte ich das am wenigsten gedacht, du mieser Hund, du Teufel in Menschengestalt!" Er schüttelt ihn am Arm und schlägt sich vor die Stirn, dass es klatscht. „Wenn ich das geahnt hätte! Wie oft habe ich dir deine Majoran-Würstchen abgekauft. Du bist kein Metzger, Holger, du bist ein Tier, ein abscheuliches Untier, zufällig der Hölle entkommen, du gehörst selbst geschlachtet!"

Plötzlich reden alle gleichzeitig auf ihn ein.

Er aber lacht nur und verbeugt sich. „Wie war ich?"

Unser Regisseur findet als Erster Worte. „Ab morgen spielen wir ‚Die Räuber' und du bist unser Hauptmann. Wer ist dafür?"

Alle heben die Hände.

Ein Geniestreich. Das Stück wird garantiert ein Erfolg. Schließlich scheint unser Held ja auch im richtigen Leben schon ein rechter Räuber zu sein. Das ahnen wir seit heute.

Pisa-Salat
Stefan Schrahe

Sie glauben nicht, dass es einen Zusammenhang zwischen den Ergebnissen der Pisa-Studie und dem Salatbüffet in unserer Firma gibt? Es gibt einen: Pisa ist nämlich überall, selbst in unserer Kantine. Eines der Hauptergebnisse der Studie war doch, dass die Kreativität in unserem Schulsystem zu wenig gefördert wird. Was das Schulsystem anbetrifft, kann ich das nicht beurteilen – dazu bin ich schon viel zu lange von der Schule weg. Aber dass auch in Unternehmen kreativen Entwicklungen ein Riegel vorgeschoben wird, davon konnte ich mich letzte Woche selbst überzeugen.

Vor einem Jahr wurde in unserer Kantine das Salatbüffet eingeführt. Die kleine Salatschüssel, als Beilage, kostete einen Euro, der große Salatteller drei Euro fünfzig. Diese Preise waren immer gleich, unabhängig davon, wie viel man sich auf den Teller häufte.

Und genau das war der Startpunkt für eine kreative Leistung, die später eine ungeahnte Dynamik entwickeln sollte.

Der große Salatteller ist nämlich an sich ein flacher Glasteller und keineswegs eine Schüssel mit hohen Rändern, wie man sie manchmal auf Büffets von Autobahnraststätten sieht. Auf so einem flachen Teller eine große Menge Salat unterzubringen, ist gar nicht so einfach. Zuerst machten viele Kollegen hier noch typische Anfängerfehler. Legten beispielsweise große Eisbergsalatblätter auf einen bereits gehäuften Salatteller mit dem Effekt, dass die Salatblätter entweder herunterzurutschen drohten, oder aber zumindest auf diese Salatblätter nichts mehr hinaufzulegen war, weil die in ihrer schräg angestellten Position für weitere Salate die Funktion einer Rutschbahn bekamen. Das gleiche gilt für Chicorée, den gibt es aber selten.

In den ersten Wochen war bereits eine gewisse Lernkurve erkennbar. Dass man – um möglichst viel auf den Teller zu bekommen – mit Salaten von geringem spezifischem Gewicht anfängt, um dann in einer zweiten Schicht spezifisch schwerere Salate wie Kartoffelsalat nimmt, um die erste Schicht zu verdichten und so eine stabilere Grundlage für eine dritte Schicht zu schaffen, gehörte bald zu den Grundlagenkenntnissen eines jeden Salatessers. Auch dass Oliven nicht erst zum Schluss, wie man aus dekorativen Erwägungen heraus vielleicht annehmen könnte, sondern ganz zu Beginn auf den Teller gehören – sie werden dann vom Nudelsalat auf dem Teller gehalten und können nicht herunterkullern – machte bald niemand mehr falsch.

Den wahren Salatkünstlern war auch bald die segensreiche Wirkung der verschiedenen Salatsoßen nicht mehr fremd, die je nach Aufbaustufe unterschiedlich gut geeignet sind, eine tragende, weil zusammenpappende Wirkung zu erzielen. So wie schließlich der moderne Hochhausbau auch nicht mehr ohne die Skelettbauweise auskommt, eignen sich zeltförmig angeordnete Pepperonischoten zur vertikalen Stabilisierung des Salatgebäudes. Die horizontale Stabilisierung lässt sich in kritischen Bereichen mit einer - allerdings aufpreispflichtigen - Bulette erreichen. Turmhohe, pyramidenförmige Bauwerke bildeten sich heraus, an den Seiten mit Krautsalat verputzt.

Nach einem dreiviertel Jahr war die empirische Phase

vorbei. Die gewonnenen Erkenntnisse mussten in ein theoretisches Modell transformiert werden. Nach Feierabend entstanden auf den Hochleistungsrechnern des Entwicklungszentrums erste Simulationsmodelle nach der Finite Element-Methode. Schon bald war es möglich, das Verhalten von Gemüsemais unter Druckbelastung zu simulieren, ebenso die Fließeigenschaften und Viskositäten von Joghurtsauce gegenüber Essig-Öl und den Taumelfaktor von geviertelten Tomaten. Rechenmodelle wurden getauscht, optimiert und wieder verworfen.

Erkenntnisse der Chaos-Forschung flossen ein, da sich das Salatangebot täglich änderte und so nie von standardisierten Bedingungen ausgegangen werden konnte. Mit besonders ausgeklügelten Systemen gelang es schließlich, bis zu 2 Kilo Salat auf einem Teller unterzubringen und diese auch ohne Beschädigung zum Kassenbereich zu transportieren.

Bis letzte Woche.

Denn Freitag letzter Woche gab es einen Aushang in der Kantine, auf dem zu lesen stand, dass der Salat in Zukunft nach Gewicht bezahlt werden soll. Dazu seien an den Kassen eigens Waagen angebracht worden. Das Entsetzen in der Kantine war physisch spürbar. Bezahlen nach Gewicht – wo ist da der Reiz? Wertlos auf einmal alle Programme, die, auf CD-ROM gebrannt, hin- und hergetauscht wurden. Unbelohnt plötzlich das unermüdliche Tüfteln, eingeschränkt durch ein starres, bürokratisches Regelwerk, das jeglichen Freiraum für kreative Leistungen im Keim erstickt.

Ich befürchte ernsthaft, dass wir auch in dieser Disziplin international den Anschluss verlieren.

Die Kerze
Petra Urban

Bei den Buddenbrooks, so lässt uns Thomas Mann wissen, genoss man am Heiligen Abend den Gesang der Chorknaben in der Säulenhalle. Da ich ohne Säulenhalle und auch ohne Chorknaben lebe, zieht es mich in der hochheiligen Nacht in die Kirche. Wo ebenfalls gesungen wird.

Gerade eben ist es mal wieder soweit.

Feierlich läuten die Glocken der Basilika durch die Winternacht. In der Gasse stapfen Schritte durch den Schnee. Jetzt aber raus aus der guten Stube und eingereiht in die Schar der Kirchgänger. Eine Art Großfamilie, die sich unterm himmlischen Sternenzelt über die Geburt ihres gesunden Jungen freut. Alle begrüßen einander mit strahlenden Gesichtern.

Und auch die Kirche glänzt vor Freude, ist geschmückt und ordentlich voll wie alle Jahre wieder. Unruhig ist es. Einige sitzen, andere knien, der Rest drängelt. Geschwätzt wird auch.

Dann plötzlich Stille. Die Orgel spielt, der Chor singt, die Engel überm Hochaltar breiten ihre goldenen Flügel aus. Und am Weihnachtsbaum funkeln die Sterne. Lichtvolle Worte von der Ankunft des Heilands erhellen den Raum.

Zur Feier des Abends bekommt jeder eine brennende Kerze.

Andächtig, als handle es sich um Weihrauch, Gold und Myrrhe zusammen, halte ich das Geschenk in Händen, singe vom Frieden auf Erden und dem weihnachtlich glänzenden Wald.

Dann ist es mucksmäuschenstill. Nur das Knistern der Flammen ist zu hören. Ganz leise beginnt die Orgel zu spielen. Zu den zarten, verhaltenen Tönen sind wir aufgefordert, unsere Kerze mit dem Nachbarn zu tauschen. Lächelnd wende ich mich der Dame rechts von mir zu, bemerke erst jetzt, wie alt und wie klein sie ist, und welch keckes Hütchen sie trägt. Mit offenem Mund starrt sie in ihr geweihtes Licht. Franziskanische Bescheidenheit im Blick.

Ich beuge mich zu ihr hinunter, lächle immer noch, und greife nach ihrer Kerze. Gleichzeitig deute ich eine Verbeugung an und strecke ihr artig meine entgegen. Ich bin die Menschenfreundlichkeit in Person.

Die Frau weicht zurück. Erschrocken, verstört geradezu. Starrt mich an, als hielte ich einen blankgeschliffenen blitzenden Dolch in der Hand. Bevor ich mich erklären kann, befolgt sie beherzt, was jede Frau beim Sicherheitstraining als erstes lernt. In der Gefahr zunächst die Handtasche loslassen. Ihr kleiner altmodischer Beutel fällt neben das Gesangbuch auf die Kirchenbank. Jetzt kann sie ihre Kerze mit beiden Händen festhalten. Und sie tut es sogleich. Ihr Licht flackert bedrohlich. Ihre Augen auch.

Schöne Bescherung!, denke ich und komme mir vor wie Prometheus, der den Göttern das Licht rauben will.

Nun bin ich vom Sternbild her eine Waage, und deshalb, nicht nur in der Heiligen Nacht, von der schier unstillbaren Sehnsucht nach Harmonie getrieben.

„Wir sollen unsere Lichter tauschen!", erkläre ich leise und unverzagt freundlich. „Weihnachten ist das Fest des Friedens", füge ich hinzu.

Erstaunt blickt sie zu mir auf. Sie scheint mich nicht verstanden zu haben.

„Wir sollen unsere Lichter tauschen!", wiederhole ich lauter.

Noch befremdeter schaut sie mich an. Von weihnachtlicher Freude keine Spur.

„Kerzen tauschen", brülle ich, ungeachtet meiner kosmischen Prägung, in unchristlicher Lautstärke. Die Köpfe der vor uns Stehenden schnellen herum.

Beschwichtigend hebe ich die Hand. „Alles in bester Ordnung", versichere ich. „Wir beide", ich zeige zuerst auf die alte Dame, dann auf mich, „sind Menschen guten Willens."

Die Situation ist geklärt, alle wenden sich wieder dem Kind in der Krippe zu.

„Wir sollen unsere Lichter tauschen", flüstere ich noch einmal und versuche meinem Gesicht einen möglichst frommen Ausdruck zu verleihen.

Der Frau scheint das verdächtig zu sein. Sie zieht sich merkwürdig zusammen, duckt sich unter ihrem Hut, als wolle sie sich winzigklein machen, um im nächsten Moment zum Sprung anzusetzen. Ihre Kerze versteckt sie mittlerweile hinterm Rücken.

Während der Geistliche am Altar uns daran erinnert, dass der Heiland schenkende Liebe ist, und auch unser Herz zum Schenken und Lieben bewegen will, wage ich einen letzten Anlauf. Ich verweise auf alle die fröhlichen Anderen, die rings um uns her frohgemut tauschen.

Nichts zu machen. Die Frau hütet ihre Kerze, als sei sie ihr Lebenslicht.

Beim Blick in ihr verschlossenes Gesicht akzeptiere ich, dass es Dinge zwischen Himmel und Erde gibt, die ich nicht ändern kann. Auch nicht in der hochheiligen Nacht. Außerdem fühle ich mich plötzlich müde, erschöpft, als wäre ich den Heiligen Drei Königen zu Fuß nach Bethlehem gefolgt. Ich habe jetzt keine Lust mehr, Kerzen zu tauschen, will nach Hause in mein Bett, das hoffentlich unter einem guten Stern steht in dieser Nacht.

Der Geistliche entlässt uns in den Frieden dieser besonderen Nacht und schlägt vor, unsere Kerzen brennend durch die Dunkelheit nach Hause zu tragen.

Ich nicke meiner Nachbarin zu. „Frohe Weihnachten!", sage ich und füge hinzu: „Danke, Ihnen auch!"

Sie reagiert nicht. Starrt gebannt und gerührt zur Krippe unterm Tannenbaum. Plötzlich allerdings, als habe sie von dort die Frohe Botschaft erhalten, wendet sie sich mir zu. Ein Lächeln huscht über ihr Gesicht. Erstaunt wie Ochs und Esel zusammen stehe ich vor ihr. Ich soll mich tatsächlich zu ihr hinunterbeugen.

„Fröhliche Weihnachten!", brüllt sie mir ins Ohr.

Und dann geht sie davon, leuchtend und in himmlischer Ruhe. Am Ende der Bank dreht sie sich noch einmal um. Ihre Stimme klingt wie Posaunenschall.

„Hüten Sie Ihr Licht!", ruft sie.

Autor und Autorin

Stefan Schrahe wurde 1962 im oberbergischen Waldbröl geboren und wuchs in der Nähe von Bonn auf. In seinen Texten geht es zumeist um satirische Alltagsbeobachtungen. Neben Veröffentlichungen in Zeitschriften (u.a. „Brigitte"), Kurzgeschichtenanthologien sowie im Hörfunkprogramm des Südwestrundfunks, hat er diverse Poetry-Slams (u.a. die Darmstädter „Dichterschlacht") gewonnen und stand 2004 im Finale des German International Poetry Slam in Stuttgart. Stefan Schrahe wohnt in Bingen am Rhein.

Petra Urban, Dr. phil., 1957 in Dohna/Pirna geboren, in Düsseldorf aufgewachsen. Sie studierte Germanistik und Philosophie, promovierte über Richard Wagner und lebt seit 1992 als freie Schriftstellerin in Bingen am Rhein. Sie schreibt Romane, Vorträge zu literarischen und lebensphilosophischen Themen, bietet zudem Seminare für „Kreatives Schreiben" und „Literatur als Lebenshilfe" an.

Zu ihren Veröffentlichungen gehören unter anderem die Romane „Die Maulwürfin" und „Septemberlicht" sowie in einer Anthologie die Erzählung „Also schwieg Franziska" (alles Fischer-Taschenbuchverlag).

Im Leinpfad Verlag ist sie Herausgeberin des Buches „Herzkater und andere Geschichten".

www.petraurban.de

**Jens Frederiksen (Hg.): Was schreiben die Zeitungen?
Eine literarische Anthologie von Balzac bis Brecht**
Große Namen aus vier Jahrhunderten beleuchten die Rolle der Zeitung, ihrer Produzenten und ihrer Rezipienten: Dickens, Döblin, Fallada, Fontane, Freytaf, Grass, Johnson, Kafka, Kästner, Thomas Mann, Nadolny, Sinclair, Twain u.a.
ISBN 3-937782-29-X, 160 S., Hardcover, 14 S/W-Abb., 12,90 €

**Marlene Hübel, Jens Frederiksen (Hg.):
Federführend. 19 Autorinnen vom Rhein**
19 Autorinnen (u.a. Anna Seghers, Bettine von Arnim, Ina Seidel, Karoline von Günderrode) aus 4 Jahrhunderten werden mit einem biografischen Essay und Leseproben vorgestellt. *„Ein Schmuckstück, eine Fundgrube!"* (AZ, Mainz) *„Insgesamt ein Stück Zeitgeschichte und ein wichtiges Dokument."* (Frankfurter Rundschau)
ISBN 3-9808383-7-4, 176 S., Hardcover, 14,90 €

Antje Fries: Stille Wasser mahlen langsam
Eine Kellnerin, erst leichtlebig, dann mausetot, ein Mühlenstein, der verschwindet und später doppelt wieder auftaucht, ein Toter, der schon über 200 Jahre tot ist, und ein stilles Wasser – das sind die Zutaten für Antje Fries' spannenden Mühlenkrimi. Mit viel Lokalkolorit erzählt sie vom ersten Fall ihrer sympathischen Kommissarin Anne Mettenheimer, die gerade frisch nach Worms versetzt wurde und nun rund um die Osthofener Eulenmühle ermittelt.
ISBN 3-937782- 28-1, 208 S., Broschur, 9,90 €

Bernadette Heim: Die Socke im Bermudadreieck
Hintergründig, mit viel Humor und Selbstironie beschreibt Bernadette Heim Situationen, die wir alle kennen: Frauen und Technik, äh: Männer und Technik, Diäten und Lesebrillen, Männer und Sport, und natürlich immer wieder über die unendliche Geschichte: Männer und Frauen – warum sind sie sooo verschieden?!?
ISBN 3-937782-21-4, 96 S., Hardcover, 9,90 €

Horst Dohm: Rheinhessen. Weine & Winzer
Den Aufstieg der rheinhessischen Weine und Winzer begründet Horst Dohm - als ehemaliger Redakteur der FAZ und als Weinschriftsteller - kenntnisreich und informativ in 14 Kapiteln; darüber hinaus stellt er 59 ausgewählte Weingüter vor.
ISBN 3-937782-10-9, 136 S. , Hardcover, Farbfotos, 14,90 €

**Leinpfad Verlag –
der kleine Verlag mit dem großen regionalen Programm!**
Leinpfad 2, 55218 Ingelheim, Tel. 06132/8369, Fax. 896951
info@leinpfadverlag.de, www.leinpfad-verlag